प्रतिनिधि कविताएँ

शमशेर बहादुर सिंह

सम्पादक
डॉ. नामवर सिंह

राजकमल पेपरबैक्स

राजकमल पेपरबैक्स में
पहला संस्करण : 1990
बारहवाँ संस्करण : 2024

राजकमल पेपरबैक्स : उत्कृष्ट साहित्य के जनसुलभ संस्करण

राजकमल प्रकाशन प्रा.लि.
1-बी, नेताजी सुभाष मार्ग, दरियागंज
नई दिल्ली-110 002
द्वारा प्रकाशित

शाखाएँ : अशोक राजपथ, साइंस कॉलेज के सामने, पटना-800 006
पहली मंजिल, दरबारी बिल्डिंग, महात्मा गांधी मार्ग, प्रयागराज-211 001
1, अनमोल सोराबजी संतुक लेन, धोबी तालाव, मरीन लाइंस, मुम्बई-400 002

वेबसाइट : www.rajkamalprakashan.com
ई-मेल : info@rajkamalprakashan.com

बी.के. ऑफसेट
नवीन शाहदरा, दिल्ली-110 032
द्वारा मुद्रित

मूल्य : ₹ 199

PRATINIDHI KAVITAYEN
Representative Poems of Shamsher Bahadur Singh
Edited by Dr. Namwar Singh

ISBN : 978-81-267-0748-5

शमशेर बहादुर सिंह

जन्म : 13 जनवरी, 1911; देहरादून।

शिक्षा : प्रारम्भिक शिक्षा देहरादून में। बाद की शिक्षा गोंडा और इलाहाबाद विश्वविद्यालय में। 1935-36 में उकील बंधुओं से कला-प्रशिक्षण लिया।

साहित्यिक कार्यक्षेत्र : 'रूपाभ', इलाहाबाद में कार्यालय सहायक (1939), 'कहानी' में त्रिलोचन के साथ (1940), 'नया साहित्य', बम्बई में कम्यून में रहते हुए (1946), 'माया' में सहायक सम्पादक (1948-54), 'नया पथ' और 'मनोहर कहानियाँ' में सम्पादन-सहयोग। दिल्ली विश्वविद्यालय में विश्वविद्यालय अनुदान आयोग की एक महत्त्वपूर्ण परियोजना 'उर्दू-हिन्दी कोश' का सम्पादन (1965-77)। प्रेमचंद सृजनपीठ, विक्रम विश्वविद्यालय (मध्य प्रदेश) के अध्यक्ष (1981-85)।

सन् 1978 में सोवियत संघ की यात्रा। विभिन्न भाषाओं में कविताओं के अनुवाद।

प्रकाशित कृतियाँ : *कुछ कविताएँ, कुछ और कविताएँ, चुका भी हूँ नहीं मैं, इतने पास अपने, उदिता : अभिव्यक्ति का संघर्ष, बात बोलेगी, काल तुझसे होड़ है मेरी, टूटी हुई बिखरी हुई, कहीं बहुत दूर से सुन रहा हूँ* (कविता); *कुछ और गद्य रचनाएँ* (निबन्ध)।

सम्मान : मध्य प्रदेश साहित्य परिषद् का *तुलसी पुरस्कार* (1977); *साहित्य अकादेमी पुरस्कार* (1977); *मैथिलीशरण गुप्त सम्मान; कबीर सम्मान* (1989)।

निधन : 12 मई, 1993

शमशेर की शमशेरियत

शमशेर की आत्मा ने अपनी अभिव्यक्ति का जो एक प्रभावशाली भवन अपने हाथों तैयार किया है, उसमें जाने से मुक्तिबोध को भी डर लगता था–'उसकी गम्भीर प्रयत्नसाध्य पवित्रता के कारण।' इस पवित्रता का अहसास मुझे भी है और डर भी कम नहीं। अन्दर जाने से उस पवित्रता में शायद ख़लल पड़े। इसलिए बाहर-बाहर की ही परिक्रमा। बाहर से अन्दर की जो भी झलक मिल जाए, उसी से सन्तोष करना पड़ेगा। फ़िलहाल।

यह पवित्रता किसी मन्दिर की नहीं है। यह कोई और भवन नहीं, आत्मा की अभिव्यक्ति का भवन है। कवि की कार्यशाला। अपना घर। बड़े जतन से बनाया हुआ। अपनी हड्डियाँ गलाकर। अपना ख़ून जलाकर। 'ओ मेरे घर' शीर्षक कविता का घर। जिसने 'इंसान के अँखौटे में डालकर मुझे/सबकुछ तो दे दिया/ जब मुझे मेरे कवि का बीज दिया कटु-तिक्त।' कितना अलग है यह घर शमशेर का! सबसे।

वह 'आलीशान गुम्बद' बाहर से ही दिख जाता है जिसमें बक़ौल मलयज ''सिर्फ एक व्यक्ति की आवाज़ गूँजती रहती है।'' वह आवाज शमशेर की है। बाहर से भी साफ़ सुनी जा सकती है। इसलिए नहीं कि ऊँची है। इसलिए कि गूँजती है–मद्धिम होने के बावजूद। कभी-कभी एकदम ख़ामोश भी। यह किसी पुजारी की प्रार्थना नहीं। कवि का एकालाप है। शमशेर की प्रायः सभी कविताएँ एकालाप हैं–आन्तरिक एकालाप। 'बक रहा हूँ जुनूँ में क्या कुछ/कुछ न समझे ख़ुदा करे कोई' के अन्दाज़ में। 'उसने मुझसे पूछा, इन शब्दों का क्या/मतलब है? मैंने कहा : शब्द/कहाँ हैं?' राग। यह एक नए ढंग का 'लिरिक' है। एकालाप में संलाप और संलाप में एकालाप।

यह कोई चिर-परिचित गीत नहीं। गद्य है। बोलचाल की लय का गद्य। रुक-रुककर आगे बढ़ता हुआ। विलंबित। विपर्यस्त। फिर भी कविता। 'टूटी हुई बिखरी हुई' नहीं, जैसा कि कुछ लोग समझ बैठे हैं। अत्यधिक सुगठित। हर तरह के झोल को हटाकर, फालतू शब्दों को निकालकर जतन से रचा हुआ। साबित करते हुए कि कविता को गद्य की तरह ही सुलिखित होना चाहिए। एकदम ठोस। लेकिन ठस नहीं। कहीं-कहीं शोखी भी। शमशेरियत लिये हुए।

स्वर में दर्द है। निस्सन्देह। आह-ओह भी कम नहीं। लेकिन मैथिलीशरण गुप्त की 'हाय-हाय' नहीं। अजीब है यह दर्द। प्रेम की पीड़ा, लेकिन वही नहीं। अकेलेपन का अवसाद, लेकिन कुछ और भी। जीवन की विडंबना। जगत की विषमता। और भी बहुत कुछ। रोमांटिक विषाद से अलग। रुलाता नहीं, सोच में डाल देता है। 'सोच लें और उदास हो जाएँ।'...'अब गिरा अब गिरा वह अटका हुआ आँसू/सांध्य तारक-सा/अतल में।' खास बात यही है कि वह आँसू अन्त

तक अटका ही रहता है। 'पतक्षर का जरा अटका हुआ पत्ता।' 'जब आँसू छलक न जाकर/ आकाश का फूल बन गया हो।' आर्षवाणी में कहें तो 'शोक' 'श्लोक' बन गया हो। वस्तुतः यह करुणा है—मानवीय करुणा। जीवन का गहरा 'ट्रैजिक' बोध।

इस करुणा का मर्म समझने के लिए जरूरी है यह सोचना कि शमशेर ने इतने शोकगीत क्यों लिखे?—इतने शोकगीत कि एक जगह इकट्ठा कर दें तो पूरी एक किताब बन जाए!

और शोकगीत भी किस-किस पर? कोई गुमनाम-सा कम्युनिस्ट साथी। कोई कम्युनिस्ट नेता। कोई समशील साहित्यकार। एक माई जो अपनी माँ नहीं।।

मृत्यु से यह मुठभेड़ अन्यत्र भी है। उन अनेक कविताओं में जो ठेठ शोकगीत नहीं हैं। मृत्यु का साक्षात्कार शमशेर को जैसे शुरू में ही हो गया था। 'स्थिर है शव-सी वात' कविता सन् 37 की है, जिसकी 'वात' आज भी सिहरन पैदा करती है, तब की हिन्दी कविता में तो अनूठी थी ही। यह अस्तित्ववादी 'मृत्युबोध' नहीं है और न ही 'मरण सुन्दर बन आय री' की रोमांटिक कल्पना! शमशेर के लिए मृत्यु ख़याल नहीं, हक़ीक़त है। प्रेम की तीव्र अनुभूति के क्षण में भी साक्षात् उपस्थिति। कीट्स की कविताओं की तरह। प्रेम और मृत्यु। आजू-बाजू। साथ-साथ।

शमशेर के लिए मृत्यु स्वयं काल है जिससे कतराकर निकल जाना गवारा नहीं है कवि को। इसीलिए 'काल, तुझसे होड़ है मेरी : अपराजित तू—तुझमें अपराजित मैं वास करूँ।' यह होड़ है कला की काल से। इस होड़—मुठभेड़ से ही शमशेर ने कालजयी कला उपलब्ध की है। कला कालजयी, कालातीत नहीं।

अपनी कार्यशाला में शमशेर अकेले चाहे जितने हों, लोग-बाग से वह काफी भरी-पूरी है। कितनी कविताएँ सिर्फ व्यक्तियों पर हैं। इतने व्यक्तियों पर शायद ही किसी कवि ने कविताएँ लिखी हों। ये व्यक्ति क्या वे सूत्र हैं जिनके माध्यम से वे दुनिया के इंसानों से जुड़ने की कोशिश करते हैं? समाज अमूर्त संकल्पना है। ऐसे अमूर्त समाज से जुड़नेवाले कवि और होंगे। शमशेर के लिए तो जैसे हाड़-मांस के जीते-जागते इंसान ही समाज हैं जिनका अपना चेहरा है, अपनी पहचान है, अपना सुख-दुख है, छोटा ही सही पर सच्चा। शमशेर ऐसे ही व्यक्तियों को 'अपने पास' 'इतने पास अपने' खींच लाते हैं कि उनके व्यक्तित्व का हिस्सा बन जाए और इस तरह अन्त में एक कविता—मुजस्सिम कविता! क्या ये लक्षण किसी आत्मग्रस्त अन्तर्मुखी असामाजिक कवि के हैं?

अपनी एक कविता की शुरुआत ही शमशेर ने इन पंक्तियों से की है—

मैं उर्दू और हिन्दी का दोआब हूँ
मैं वह आईना हूँ जिसमें आप हैं।

इस कविता का शीर्षक है 'बाढ़ 1948'। पहली बार 'संकेत' में प्रकाशित हुई थी। किसी काव्य-संकलन में फिर नहीं आई। अब इस चयन में पढ़ी जा सकती है। इस विषयान्तर को छोड़ दें तो कहना यह है कि उर्दू-हिन्दी के इस 'दोआब' की कविताओं में 'आईना' अक्सर आता है। हिन्दी के किसी कवि में 'आईना' की इतनी पूछ नहीं। शमशेर के काव्यलोक में घूमते हुए लगता है कि 'आईनाख़ाने में कोई लिये जाता है मुझे।' यह आईना हैरान होता नहीं, हैरान करता है। यह

स्तेंधाल का 'शहर में घूमता आईना' नहीं है, एक कवि की चमकती हुई तरल-तरल आँख की पुतली है जिसमें सारी कायनात बन्द है। 'सूर्य मेरी पुतलियों में स्नान करता'।

शमशेर की कार्यशाला सचमुच एक विशाल चित्रशाला है। रंगों का महोत्सव। कहीं 'धूप आईने में खड़ी' है, कहीं 'धूप थपेड़े मारती है थपू थपू/केले के हातों से पानी से/केले के थंबों पर।' और कहीं 'उषा के जल में सूर्य का स्तम्भ हिल रहा है।' अकेले एक धूप के ही कितने-कितने रूप!

वैसे शमशेर का अपना प्रिय रंग साँवला है, जो कभी-कभी 'केसरिया साँवलापन' भी हो जाता है, कभी 'साँवला संगमर्मरी आबशार' और कभी देखिए तो 'एक नीला दरिया बरस रहा है।'

इस चित्रशाला में इतने रंगों की लीला है, तरह-तरह के रंगों की इतनी घुलावट है कि सबका विवरण देना लगभग असम्भव है। हिन्दी-कविता में रंगों का ऐसा महोत्सव अन्यत्र दुर्लभ है। सचमुच ही 'कवि घंघोल देता है/हिला-मिला देता/कई दर्पनों के जल।'

ये सभी चित्र अनिवार्यतः 'इम्प्रेशनिस्टक' ही नहीं हैं, कुछ 'सुर्रियललिस्ट' भी हैं, कुछ सरल रेखांकन-मात्र और कुछ पत्थर की तराशी हुई मूर्ति की तरह ठोस भी।

जो शमशेर को 'शुद्ध सौन्दर्य का कवि' मानने के आग्रही हैं, उनकी आँख खोलने के लिए उन छवियों की ओर संकेत करना पर्याप्त होगा जिनमें अकुंठ मन से शरीर का उत्सव रचा गया है। शमशेर के लिए सौन्दर्य 'एक ठोस बदन अष्टधातु का-सा' है, जिसमें 'जंघाएँ ठोस दरिया/ठैरे हुए से।' कवि की 'पहली प्रेमिका' 'जो आईने की तरह साफ़ है' और 'बदन के माध्यम से ही बात करती है।' और 'वह काँसे का चिकना बदन हवा में हिल रहा है।' हिन्दी कविता में कहाँ है ऐसी सघन ऐन्द्रियता!

कलाकृतियाँ भी शमशेर की संवेदनशील ऐन्द्रिय चेतना को उसी प्रकार उद्बुद्ध करती हैं जैसे सुडौल नारी-शरीर और संध्या या उषा की लाली। वान गॉग और पिकासो के चित्र देखकर, बाख़ का संगीत सुनकर जो कविताएँ उन्होंने लिखी हैं, उनसे हिन्दी कविता में एक नई वृत्ति की शुरुआत हुई। बाद में इस तरह की कविताएँ औरों ने भी लिखीं, लेकिन अनुकरण अन्ततः अनुकरण ही है। चीनी भाषा की चित्रलिपि और ग्रीक वर्णों के रूपाकार का आकर्षण भी इसी सौन्दर्य-वृत्ति की काव्यात्मक अभिव्यक्ति है। भाषा का रूपाकार भी शमशेर के लिए एक आश्चर्यलोक रहा है। यह कोरी प्रयोगशीलता नहीं, बल्कि कवि की कलानुभूति का अतिरिक्त आयाम है। कभी-कभी ऐसा लगता है कि नारी-शरीर भी शमशेर के लिए जैसे एक कलाकृति है—अपने रूपाकार-मात्र के लिए आकर्षक। कविता में कला का ऐसा संयोजन और यह वैभव कालिदास के बाद शमशेर के ही काव्य में सम्भव हो पाया है। शब्द रंग भी हैं, रेखा भी और सुर भी—शब्द में निहित इन सम्भावनाओं की तलाश जैसी शमशेर में है, अन्यत्र विरल है।

लेकिन शमशेर सौन्दर्य के ही नहीं, प्रेम के कुछ विलक्षण अनुभवों के भी चित्रकार हैं। 'थरथराता रहा जैसे बेंत/मेरा काय.../कितनी देर तक/आपादमस्तक।' स्वयं कवि के अनुसार यह 'एक विचित्र प्रेम अनुभूति' है। लेकिन उससे किसी तरह कम विचित्र वह अनुभूति नहीं है जब वे कहते हैं : 'तुमने मुझे और गूँगा बना दिया/अपनी भाषा तो भूल ही गया जैसे/चारों

तरफ की भाषा ऐसी हो गई/जैसे पेड़-पौधों की होती है।'

विचित्र बात यह है कि उम्र के साथ कवि में प्रेम की यह तीव्रता, पार्थिवता बढ़ती गई है और चढ़ता गया है सघन ऐन्द्रियता का ज्वार। साठ की उम्र के बाद शमेशर ने ज्यादा अच्छी प्रेम-कविताएँ लिखी हैं। कुछ और तरह की भी अच्छी कविताएँ। अंग्रेजी-कवि विलियम बटलर येट्स की तरह। अपने ही कवि रवीन्द्रनाथ ठाकुर की तरह। काल पर कला की विजय का एक और प्रमाण नहीं है यह क्या?

कला की इस विजय का स्रोत क्या है कवि की निष्कंप प्रतिबद्धता के सिवा? इस विषय में सन्देह या भ्रम औरों को चाहे जितना हो, स्वयं शमशेर अपनी आस्था में अडिग हैं। जिस कवि ने अपनी काव्य-यात्रा के प्रथम चरण में 'वाम वाम वाम दिशा/समय साम्यवादी' जैसा ओजस्वी गीत लिखा, वही पचास वर्ष बाद 'काल, तुझसे होड़ है मेरी' शीर्षक कविता में सहज भाव से स्वीकार करता है : 'क्रान्तियाँ, कम्यून, कम्युनिस्ट समाज के/नाना कला विज्ञान और समाज के/जीवन्त वैभव से समन्वित व्यक्ति मैं!' ज़ाहिर है कि मार्क्सवाद और कम्युनिज़्म शमशेर की कविता के हाशिए पर न तब था, न अब है। हमेशा वह उस कवि-व्यक्तित्व का अभिन्न अंग रहा है जो कविता का केन्द्र है।

आज शमशेर के इस पक्ष को गौण बताकर उन्हें महान बनाया जा रहा है; लेकिन स्वयं शमशेर को इस विषय में कोई मुग़ालता नहीं। लम्बी उपेक्षा जिसे तोड़ न सकी, उसे बासी सम्मान क्या झुकाएगा! नेरुदा के 'मेमायर्स' पढ़ने के बाद शमशेर ने जो विडम्बना-बिद्ध कविता लिखी है, उसकी ये पंक्तियाँ द्रष्टव्य हैं :

'सीधे-सादे नेरुदा को/ख़ाहमख़ाह/पश्चिम ने और नितान्त कल्पनाहीन/नई दुनिया की मशीनी शक्तियों ने/महान बना दिया/बना दिया तो बना दिया.../फिर तो वह बन ही गया! अब क्या हो?/अब कुछ नहीं हो सकता!!'

क्या इन पंक्तियों के लेखक को कोई कुछ बना सकता है?

शमशेर तो समझ बैठे हैं कि : ''मैं बहुत कामियाब कवि शायद नहीं बन पाया हूँ, लेकिन सम्भवतः एक jenuine कवि अपने आपको कह सकता हूँ। अगर यह ठीक है तो मेरे लिए सन्तोष की बात कम नहीं है।'' इसके बाद भी अगर कोई कवि 'कामियाब' होना चाहता है तो फिराक़ के शब्दों में ''है इससे बढ़ के भले आदमी की क्या तौहीन!''

इसलिए शमशेर के लिए इतना ही काफी है कि वे कवि हैं—सिर्फ कवि। न 'शुद्ध कविता' का कवि, न 'कवियों का कवि', न प्रयोग का कवि और न प्रगति का ही कवि! कुछ कवि ऐसे होते हैं जिन्हें हर विशेषण छोटा कर देता है।

इस चयन के बारे में सिर्फ इतना ही कहना है कि इसमें रचनाकाल के क्रमानुसार एक सौ एक कविताएँ चुनकर प्रस्तुत की गई हैं—हर दौर की, हर रंग की। यह चयन प्रतिनिधि हो-न-हो, शमशेर की काव्ययात्रा का एक कालक्रमिक पथचिह्न अवश्य है।

27 जुलाई, 1990 **—नामवर सिंह**

क्रम

सहन्-सहन् बहता है वायु

सहन्-सहन् बहता है वायु
मुक्त उसासों का स्वर भर।
सम्हल-सम्हल कर झुकती डाल:
आकुल-उर तरु का मर्मर।

रह जाते हैं सिहर-सिहर
मृदु कलिका के विस्मित गात:
बहका फिरता मधुप अधीर,
तितली अस्थिर-गति अवदात।

पागल-सा हो उठता वात
अलसित जगती अनयन धूल।
किसकी छाया स्वप्निल श्वेत
हेर रही है क्षितिज-दुकूल?

कोई अपने सुख-दुख भूल
सूने पथ पर राग-विहीन
विस्मृति के बिखराता फूल
फिर आया है मूक-मलीन!

[1932]

मैं भारत गुण-गौरव गाता

मैं भारत गुण-गौरव गाता!
श्रद्धा से उसके कण-कण को
उन्नत माथ नवाता।

प्रथम स्वप्न-सा आदि पुरातन,
नव आशाओं से नवीनतम,
प्राणाहुतियों से युग-युग की
चिर अजेय बलदाता!

आर्य शौर्य धृति, बौद्ध शांति द्युति,
यवन कला स्मिति, प्राच्य कर्म रति,
अमर अमित प्रतिभायुत भारत
चिर रहस्य, चिर ज्ञाता!

वह भविष्य का प्रेम-सूत है,
इतिहासों का मर्म पूत है,
अखिल राष्ट्र का श्रम, संयम, तप:
कर्मजयी, युग त्राता!

मैं भारत गुण-गौरव गाता।

[1933]

सजल स्नेह का भूषण केवल

सजल स्नेह का भूषण केवल
सरल प्रेम की सुंदरता;
छिपी मर्म-सी कोमल
उर में सहज, मिलन की आतुरता।

ओठों पर विषाद की दृढ़ता,
पलकों में आगत के प्रश्न;
साँसों में स्वर बढ़ता
करुणा का; अलकों में भावी स्वप्न।

सहसा आ सम्मुख चुपचाप
संध्या की प्रतिमा-सी मौन
करती प्रेमालाप,
प्रेयसि नहीं, परिचिता-सी वह कौन?

कर्मों की छाया-सी गूढ़
मन की गोचर स्त्रीत्व अतीत,
स्नेह रही है ढूँढ़—
धूमिल-सी है यद्यपि स्नेह-प्रतीति।

मेरे अंतर में भर जाती
केवल अपना करुणा-राग:
वह अजान सुलगाती
क्यों नव यौवन में अबोध वैराग?

[1934]

स्थिर है शव-सी वात

स्थिर है शव-सी वात।
    लटका है पश्चिम के घर में
    आधा चाँद कटोरा काँसे का-सा।
सीसे की-सी नीली रात।

वह स्वप्नों की ओट
    निश्चल आँखें देख रही हैं।
    ठिठुरे काले पेड़ खड़े हैं मिलकर।
सूख रहे हैं मेरे होंट।

नत जीवन का भाल।
    प्रेम पड़ा है ठंडा मानव-उर का।
    निद्रा तम के शून्य शिविर में
अंधा पंगु बँधा है काल।

[1937]

प्रेम

द्रव्य नहीं कुछ मेरे पास
फिर भी मैं करता हूँ प्यार
रूप नहीं कुछ मेरे पास
फिर भी मैं करता हूँ प्यार
सांसारिक व्यवहार न ज्ञान
फिर भी मैं करता हूँ प्यार
शक्ति न यौवन पर अभिमान
फिर भी मैं करता हूँ प्यार
कुशल कलाविद् हूँ न प्रवीण
फिर भी मैं करता हूँ प्यार
केवल भावुक दीन मलीन
फिर भी मैं करता हूँ प्यार।

मैंने कितने किए उपाय
किंतु न मुझसे छूटा प्रेम
सब विधि था जीवन असहाय
किंतु न मुझसे छूटा प्रेम
सब कुछ साधा, जप, तप, मौन,
किंतु न मुझसे छूटा प्रेम
कितना घूमा देश विदेश
किंतु न मुझसे छूटा प्रेम
तरह-तरह के बदले वेष
किंतु न मुझसे छूटा प्रेम।

उसकी बात बात में छल है
फिर भी है वह अनुपम सुंदर
माया ही उसका संबल है
फिर भी है वह अनुपम सुंदर
वह वियोग का बादल मेरा
फिर भी है वह अनुपम सुंदर
छाया जीवन आकुल मेरा
फिर भी है वह अनुपम सुंदर
केवल कोमल, अस्थिर नभ-सी
फिर भी है वह अनुपम सुंदर
वह अंतिम भय-सी, विस्मय-सी,
फिर भी कितनी अनुपम सुंदर।

[1937, 1938 के आसपास]

फिर भी क्यों

फिर भी क्यों मुझको तुम अपने बादल में घेरे लेती हो ?
मैं निगाह बन गया स्वयं
जिसमें तुम आँज गईं अपना सुर्मई साँवलापन हो।

तुम छोटा-सा हो ताल, घिरा फैलाव, लहर हलकी-सी,
जिसके सीने पर ठहर शाम
कुछ अपना देख रही है उसके अंदर,
वह अँधियाला···

कुछ अपनी साँसों का कमरा,
पहचानी-सी धड़कन का सुख,
–कोई जीवन की आनेवाली भूल!

यह कठिन शांति है···यह
गुमराहों का ख़ाब-क़बीला ख़ेमा:

जो ग़लत चल रही हैं ऐसी चुपचाप
दो घड़ियों का मिलना है,
–तुम मिला नहीं सकते थे उनको पहले।

यह पोखर की गहराई
छू आई है आकाश देश की शाम।

उसके सूखे-से घने बाल
हैं आज ढक रहे मेरा मन औ' पलकें,–

वह सुबह नहीं होने देगी जीवन में!
वह तारों की माया भी छुपा गई अपने अंचल में।

वह क्षितिज बन गई मेरा स्वयं अजान।

[1938]

साथ, सम, शांत

साथ, सम, शांत;
स्वप्न - सी, सुंदर;
सिर्फ़ दो ममियाँ।

कहाँ जगतीतल?
कहाँ नभ अमल?
कल? आज? कल?

नायकता की दो भवें
मिलीं; दो पलकें पीली;
स्थिर, सोई।

वीतराग जीवन में गहरी
भूलों की
अधर-पंखुड़ियों-सी,
मौन, सुप्त।

सिर्फ़ दो ममियाँ।
हम, तुम।

[1939]

सूना-सूना पथ है, उदास झरना

सूना-सूना पथ है, उदास झरना
एक धुँधली बादल-रेखा पर टिका हुआ
आसमान

जहाँ वह काली युवती
हँसी थी।

[1939]

निराला के प्रति

भूलकर जब राह—जब-जब राह… भटका मैं
तुम्हीं झलके, हे महाकवि,
सघन तम की आँख बन मेरे लिए,
अकल क्रोधित प्रकृति का विश्वास बन मेरे लिए—
जगत के उन्माद का
परिचय लिए,—
और आगत-प्राण का संचय लिए, झलके प्रमन तुम,
हे महाकवि ! सहजतम लघु एक जीवन में
अखिल का परिणय लिए—
प्राणमय संचार करते शक्ति औ' छवि के मिलन का हास मंगलमय;
मधुर आठों याम
विसुध खुलते
कंठस्वर में तुम्हारे, कवि,
एक ऋतुओं के विहँसते सूर्य !
काल में (तम घोर)—
बरसाते प्रवाहित रस अथोर अथाह !
छू, किया करते
आधुनिकतम दाह मानव का
साधना स्वर से
शांत-शीतलतम ।

हाँ, तुम्हीं हो, एक मेरे कवि :
जानता क्या मैं—

हृदय में भरकर तुम्हारी साँस–
किस तरह गाता,
(ओ विभूति परंपरा की !)
समझ भी पाता तुम्हें यदि मैं कि जितना चाहता हूँ,
महाकवि मेरे !

[1939]

ग़ज़ल

कहो तो क्या न कहें, पर कहो तो क्योंकर हो,
जो बात-बात में आ जायँ वो, तो क्योंकर हो!

हमारी बात हमीं से सुनो तो कैसा हो,
मगर ये जाके उन्हीं से कहो तो क्योंकर हो!

ये बेदिली ही न हो संगे-आस्तानए-यार,
वगरना इश्क़ की मंज़िल ये हो तो क्योंकर हो!

करीबे-हुस्न जो पहुँचा तो ग़म कहाँ पहुँचा–
हमीं को होश नहीं, आपको तो क्योंकर हो!

ख़याल हो कि मेरे दिल का वहम हो, आख़िर
तुम्हीं जो एक न अपने बनो, तो क्योंकर हो!

ज़माना तुम हो–जहाँ तुम हो–ज़िंदगी तुम हो,
जो अपनी बात पे क़ायम रहो, तो क्योंकर हो!

हमारा बस है कोई, आह की, हुए ख़ामोश,
मगर जो ये भी सहारा न हो तो क्योंकर हो!

हरेक तरह वही आरज़ू बनें मेरी
ये ज़िंदगी का बहाना न हो, तो क्योंकर हो!

य सब सही है मगर ऐ मेरे दिले-नाशाद,
कोई भी ग़म के सिवा दोस्त हो तो क्योंकर हो!

ये साँस में जो उसी नाम की अटक-सी है,
वो ज़िंदगी से फ़रामोश हो तो क्योंकर हो!

जो आरज़ू में नहीं, अब वो साँस में कुछ है,
वो, आह, दिल से फ़रामोश हो तो क्योंकर हो!

हज़ार हम उसे चाहें कि अब न चाहें और,
जो साँस-साँस में रम जाय वो, तो क्योंकर हो!

[1939]

ग़ज़ल

वही उम्र का एक पल कोई लाए
तड़पती हुई-सी ग़ज़ल कोई लाए

हक़ीक़त[1] को लाए तख़ैयुल[2] से बाहर
मेरी मुश्किलों का जो हल कोई लाए

कहीं सर्द ख़ूँ में तड़पती है बिजली
ज़माने का रद्दो-बदल कोई लाए

उसी कम-निगाही[3] को फिर सौंपता हूँ
मेरी जान का क्या बदल कोई लाए

दुबारा हमें होश आए न आए
इशारों का मौक़ा-महल कोई लाए

नज़र तेरी दस्तूरे-फ़िरदौस[4] लाई
मेरी ज़िंदगी में अमल कोई लाए

---

1. यथार्थ। 2. कल्पना। 3. उपेक्षा। 4. स्वगिक संविधान।

मकई-से वे लाल गेहुँए तलवे

मकई-से वे लाल गेहुँए तलवे
मालिश से चिकने हैं। ···

सूखी भूरी झाड़ियों में व्यस्त
चलती-फिरती पिंडलियाँ।
(मोटी डालें, जाँघों से न अड़ें!)

सूरज को आईना जैसे नदियाँ हैं–
इन मर्दाना रानों की चमक
'उनको' खूब पसंद। ···

यह वन शिव का स्थान।
शांत ज्योति में लय है ध्यान।
नभ-गंगा की शक्ति
सदा बरसती यहाँ। ···

वज्र-गिरि। कमठ-कठोर।
सीधा चढ़ता, ऊर्ध्व दिशा की ओर। ···

शेष नीला सूनापन।

[1940]

फिर वह एक हिलोर उठी

['स्वतंत्रता-दिवस' की एक प्रभात फेरी, इलाहाबाद]

फिर वह एक हिलोर उठी–
गाओ!
वह मज़दूर किसानों के स्वर कठिन हठी!
कवि हे, उनमें अपना हृदय मिलाओ!
उनके मिट्टी के तन में है अधिक आग,
है अधिक ताप :
उसमें, कवि हे
अपने विरह-मिलन के पाप जलाओ!
काट बूर्ज़ूआ भावों की गुमठी को–
गाओ!
अति उन्मुक्त नवीन प्राण स्वर कठिन हठी!
कवि हे, उनमें अपना हृदय मिलाओ!

सड़े-पुराने अंध कूप गीतों के
अर्थहीन हैं भाव, मूक मीतों के :–
उन्हें अपरिचय का लांछन दे बिलकुल आज भुलाओ!
नूतन प्राण-हिलोर उठी!
तुम, वह जिस ओर उठी, उठ जाओ!
कवि हे!......

[1940]

हार-हार समझा मैं

हार-हार
समझा मैं तुमको
अपने पार।

हँसी बन
खिली साँझ–
बुझने को ही।

एक हाय-हाय की रात
बीती न थी,
कि दिन हुआ।

हार-हार...

[1941]

बँधा होता भी

बँधा होता भी
मौन यदि
उस व्यथा के रूप से कोमल

जो कि तुम हो
समय पा लेता
उसे तब भी।

[1941]

चुका भी हूँ मैं नहीं!

चुका भी हूँ मैं नहीं
कहाँ किया मैंने प्रेम
अभी।

जब करूँगा प्रेम
पिघल उठेंगे
युगों के भूधर
उफन उठेंगे
सात सागर।
किंतु मैं हूँ मौन आज
कहाँ सजे मैंने साज
अभी।

सरल से भी गूढ़, गूढ़तर
तत्व निकलेंगे
अमित विषमय
जब मथेगा प्रेम सागर
हृदय।

निकटतम सबकी
अपर शौर्य्यों की
तुम
तब बनोगी एक
गहन मायामय
प्राप्त सुख
तुम बनोगी तब
प्राप्य जय!

[1941]

लेकर सीधा नारा

लेकर सीधा नारा
कौन पुकारा
अंतिम आशाओं की संध्याओं से ?

पलकें डूबी ही-सी थीं–
पर अभी नहीं;
कोई सुनता-सा था मुझे
कहीं;
फिर किसने यह, सातों सागर के पार
एकाकीपन से ही, मानो–हार,
एकाकी उठ मुझे पुकारा
कई बार ?

मैं समाज तो नहीं; न मैं कुल
जीवन;
कण-समूह में हूँ मैं केवल
एक कण।
–कौन सहारा !
मेरा कौन सहारा !

[1941]

जीवन की कमान

ढीली इस जीवन की कमान
कसनी है :
छूटेंगे जिस पर कड़े प्राण के
तीर, जो कि
भेदेंगे
सातों आसमान।

प्रत्यंचा है पत्थर-सा दिल
—गुमसुम;
जन्मों-जन्मों के स्वप्न कठिन
तरकश में हैं।
टंकार से उठेगा नभ हिल।

टूटेंगे अरि-दल के पहाड़
के पहाड़
जब जन-बल का सागर
दहाड़ कर उट्ठेगा,
करता विचूर्ण फ़ासिस्ट हाड़।

जनता के बल का महाबाण
शक्तिस्फुलिंग,
जो मध्य-युगों का परित्राण
कर छूटेगा
बन नव-युग का जलता प्रमाण।

[1941]

गीत

धरो शिर
हृदय पर
वक्ष - वह्नि से, – तुम्हें
मैं सुहाग दूँ–
चिर सुहाग दूँ!
प्रेम - अग्नि से – तुम्हें
मैं सुहाग दूँ!

विकल मुकुल तुम
प्राणमयि,
यौवनमयि,
चिरवसंत - स्वप्नमयि,
मैं सुहाग दूँ:
विरह - आग से, – तुम्हें
मैं सुहाग दूँ!

[1941]

एक मुद्रा से

(गीत)

—सुंदर !
उठाओ
निज वक्ष
और—कस—उभर !

क्यारी
भरी गेंदा की
स्वर्णारक्त
क्यारी भरी गेंदा की :
तन पर
खिली सारी—
अति सुंदर ! उठाओ०।

स्वप्न-जड़ित-मुद्रामयि
शिथिल करुण !
हरो मोह-ताप, समुद
स्मर-उर वर :
हरो मोह-ताप—
और और कस उभर !
सुंदर ! उठाओ०।

अंकित कर विकल हृदय-पंकज के अंकुर पर

चरण-चिह्न,
अंकित कर अंतर आरक्त स्नेह से नव, कर पुष्ट,
बढ़ूँ
सत्वर, चिरयौवन वर, सुंदर !–

उठाओ निज वक्ष : और और कस, उभर !

[1941]

सींग और नाख़ून

सींग और नाख़ून
लोहे के बख़्तर कंधों पर।

सीने में सूराख़ हड्डी का।
आँखों में : घास-काई की नमी।

एक मुर्दा हाथ
पाँव पर टिका
उलटी क़लम थामे।

तीन तसलों में कमर का घाव सड़ चुका है।

जड़ों का भी कड़ा जाल
हो चुका पत्थर।

[1942]

शिला का ख़ून पीती थी

शिला का ख़ून पीती थी
वह जड़
जो कि पत्थर थी स्वयं।

सीढ़ियाँ थीं बादलों की झूलतीं,
टहनियों-सी

और वह पक्का चबूतरा,
ढाल में चिकना :
सुतल था
आत्मा के कल्पतरु का ?

[1942]

कुछ मुक्तक

भाव थे जो शक्ति-साधन के लिए,
लुट गए किस आंदोलन के लिए!
    यह सलामी दोस्तों को है, मगर
    मुट्ठियाँ तनती हैं दुश्मन के लिए!
धूल में हमको मिला दो, किंतु, आह,
चालते हैं धूल कन-कन के लिए।
    तन ढँका जाएगा धागों से, परंतु
    लाज भी तो चाहिए तन के लिए।
नाज पकने पर खुले आकाश से
बिजलियाँ गिरती हैं निर्धन के लिए।
    संकुचित है आज जीवन का हृदय,
    व्यक्ति-मन रोता है जन-मन के लिए।

[1943]

गायें

गायें मैली, सफ़ेद, काली, भूरी।

पत्थर ढुलके पड़े। पेड़ स्थिर नीरव।

दो पहाड़ियाँ धूम-विनिर्मित, पावन।

[1943]

ये लहरें घेर लेती हैं

ये लहरें घेर लेती हैं
ये लहरें……

उभरकर अर्द्ध द्वितीया
        टूट जाता है……

अंतरिक्ष में
        ठहरा   एक

        दीर्घ   समतल   मौन

दूर…उत्तर पूर्व तक
        तीन
            ब्रह्मांड
                टूटे   हुए मिले चले गए हैं

अगिन व्यथा भर   सहसा
    कौन भाव
बिखर गया इन सब पर ?

[1943]

य' शाम है

[ग्वालियर की एक ख़ूनी शाम का भाव-चित्र। लाल झंडे, जिन पर रोटियाँ टँगी हैं, लिए हुए मजदूरों का जुलूस। उनको रोटियों के बदले मानव-शोषक शैतानों ने—ग्वालियर की सामंती रियासती सरकार ने—गोलियाँ खिलाईं। उसी दिन—12 जनवरी, 1944—की एक स्वर-स्मृति।]

य' शाम है
कि आसमान खेत है पके हुए अनाज का।
लपक उठीं लहू-भरी दराँतियाँ,
—कि आग है:
धुआँ-धुआँ
सुलग रहा
गवालियार के मजूर का हृदय।

कराहती धरा
कि हाय-मय विषाक्त वायु
धूम्र तिक्त आज
रिक्त आज
सोखती हृदय
गवालियार के मजूर का।

गरीब के हृदय
टँगे हुए
कि रोटियाँ लिए हुए निशान
लाल-लाल

जा रहे
कि चल रहा
लहू-भरे गवालियार के बजार में जलूस :
जल रहा
धुआँ-धुआँ
गवालियार के मजूर का हृदय ।

[1944]

बात बोलेगी

बात बोलेगी,
हम नहीं।
भेद खोलेगी
बात ही।

सत्य का मुख
झूठ की आँखें
क्या–देखें!

सत्य का रुख़
समय का रुख़ है:
अभय जनता को
सत्य ही सुख है,
सत्य ही सुख।

दैन्य दानव; काल
भीषण; क्रूर
स्थिति; कंगाल
बुद्धि; घर मजूर।

सत्य का
क्या रंग है?–
पूछो
एक संग।

एक—जनता का
      दु:ख : एक।
हवा में उड़ती पताकाएँ
      अनेक।

दैन्य दानव। क्रूर स्थिति।
कंगाल बुद्धि : मजूर घर भर।
एक जनता का—अमर वर :
एकता का स्वर।
—अन्यथा स्वातंत्र्य-इति।

[1945]

शाम होने को हुई

शाम होने को हुई, लौटे किसान
दूर पेड़ों में बढ़ा खग-रव।
धूल में लिपटा हुआ है आसमान :
शाम होने को हुई, नीरव।

तू न चेता। काम से थककर
फटे-मैले वस्त्र में कमकर
लौट आए खोलियों में मौन।
चेतनेवाला न तू – है कौन?

शाम; हम-तुम, और बाबू लोग,
लड़कियाँ चंचल, निठल्ले युवक,
स्फूर्त-मन सब सिनेमा की ओर
चले : जाने कौन-सी है ललक।

घुमड़ते घुटते हृदय के भाव
चित्रपट पर नग्न आते बिखर :
आर्थिक वास्तविकता का दाँव
भूल, हम छूते अपार्थिव शिखर।

हाय कर उठते हमारे नयन;
होंट सी लेते दबा अफ़सोस :
माँगता उर-भार अंतिम शयन...
चाँदनी सित वक्ष कोमल ओस।

दूर की मर्मर-मिली नीहार,
दूर की नीहार मालाएँ;
निकट, तम-विक्षिप्त सागर-फेन।
एक ही आह्वान : आ जाएँ!
आज आ जाएँ हमारे ऐन!

भूल के मंदिर सुघर बहुमूल्य
हृदय को विश्वास देते दान:
प्राप्य श्लाघा से अयाचित मान;
स्वप्न भावी, द्रव्य से अनुकूल।

दीन का व्यापार श्लाघामय!

. . . . . .

छिन्न-दल कर काग़ज़ी विस्मय
सत्य के बल शूल हूलूँ मैं!
—शाम निर्धन की न भूलूँ मैं!

× ×

रात हो आईं; चमक उट्ठे कई
बल्ब; ऊपर अग्रहायण, दूर—
नभ में। दूर तक उट्ठे अधीर
भाव···कैसे सहज, कैसे क्रूर!

[1945]

वाम वाम वाम दिशा

वाम वाम वाम दिशा,
समय साम्यवादी।
पृष्ठभूमि का विरोध अंधकार-लीन। व्यक्ति···
कुहाऽस्पष्ट हृदय-भार, आज हीन।
हीनभाव, हीनभाव
मध्यवर्ग का समाज, दीन।

किंतु उधर
        पथ-प्रदर्शिका मशाल
कमकर की मुट्ठी में—किंतु उधर :
        आगे-आगे जलती चलती है
        लाल-लाल
वज्र-कठिन कमकर की मुट्ठी में
        पथ-प्रदर्शिका मशाल।

भारत का
भूत-वर्तमान औ' भविष्य का वितान लिए
काल-मान-विज्ञ मार्क्स-मान में तुला हुआ
वाम वाम वाम दिशा,
समय : साम्यवादी।

अंग-अंग एकनिष्ठ
ध्येय-धीर
सेनानी

वीर युवक
अति बलिष्ठ
वामपंथगामी वह···
समय : साम्यवादी।

लोकतंत्र-पूत वह
दूत, मौन, कर्मनिष्ठ
जनता का :
एकता-समन्वय वह···
मुक्ति का धनंजय वह
चिरविजयी वय में वह
ध्येय-धीर
सेनानी
अविराम
वाम-पक्षवादी है···
समय : साम्यवादी।

सागर-तट

यह समंदर की पछाड़
तोड़ती है हाड़ तट का—
अति कठोर पहाड़।

पी गया हूँ दृश्य वर्षा का :
हर्ष बादल का
हृदय में भरकर हुआ हूँ हवा-सा हलका :

धुन रही थीं सर
व्यर्थ व्याकुल मत्त लहरें
वहीं आ-आकर
जहाँ था मैं खड़ा
मौन ;
समय के आघात से पोली, खड़ी दीवारें
जिस तरह घहरें
एक के बाद् एक, सहसा।

चाँदनी की उँगलियाँ चंचल
क्रोशिये से बुन रही थीं चपल
फेन-झालर बेल, मानो।

पंक्तियों में टूटती-गिरती
चाँदनी में लोटती लहरें
बिजलियों-सी कौंदती लहरें

मछलियों-सी बिछल पड़तीं तड़पती लहरें
बार-बार।

स्वप्न में रौंदी हुई-सी विकल सिकता
पुतलियों-सी मूँद लेती
आँख।

यह समंदर की पछाड़
तोड़ती है हाड़ तट का—
अति कठोर पहाड़।
यह समंदर की पछाड़

[1945]

दूब

मोटी, धुली लॉन की दूब,
    साफ़ मख़मल की क़ालीन।
ठंडी धुली सुनहरी धूप।

हलकी मीठी चा-सा दिन,
मीठी चुस्की-सी बातें,
मुलायम बाहों-सा अपनाव।

पलकों पर हौले-हौले
तुम्हारे फूल-से पाँव
    मानो भूलकर पड़ते
    हृदय के सपनों पर मेरे!

अकेला हूँ, आओ!

[1945]

मूँद लो आँखें

मूँद लो आँखें
शाम के मानिंद।
ज़िंदगी की चार तरफ़ें
मिट गई हैं।
बंद कर दो साज़ के पर्दे।
चाँद क्यों निकला, उभरकर... ?

घरों में चूल्हे
पड़े हैं ठंडे।
क्यों उठा यह शोर ?
किसलिए यह शोर ?

छोड़ दो संपूर्ण–प्रेम,
त्याग दो सब दया–सब घृणा।
ख़त्म हमदर्दी।
ख़त्म–
साथियों का साथ।

रात आएगी
मूँदने सबको।

[1945]

अंतिम विनिमय

हृदय का परिवार काँपा अकस्मात्।
भावनाओं में हुआ भूडोल-सा।
पूछता है मौन का एकांत हाथ
वक्ष छू, यह प्रश्न कैसा गोल-सा:
प्रात-रव है दूर जो 'हरि बोल!'-सा,
पार, सपना है—कि धारा है—कि रात?
कुहा में कुछ सर झुकाए, साथ-साथ,
जा रहा परछाइयों का ग़ोल-सा।

× ×

प्राण का है मृत्यु से कुछ मोल-सा;
सत्य की है एक बोली, एक बात।

[1945]

मौन आहों में बुझी तलवार

1

मौन आहों में बुझी तलवार
तैरती है बादलों के पार।
चूमकर ऊषाभ आशा अधर
गले लगते हैं किसी के प्राण।

—गह न पाएगा तुम्हें मध्याह्न :
छोड़ दो ना ज्योति का परिधान!

2

यह कसकता, यह उभरता द्वंद्व
तुम्हें पाने मधुरतम उर में,
तोड़ देने धैर्य-वलयित हृदय
उठा।

परम अंतर्मिलन के उपरांत
प्राप्त कर आनंद मन एकांत
खिला मृदु मधु शांत।

[1945]

छिप गया वह मुख

छिप गया वह मुख
ढँक लिया जल आँचलों ने बादलों के
(आज काजल रात-भर बरसा करेगा क्या ?)

नम गई पृथ्वी बिछाकर फूल के सुख
सीप-सी रंगीन लहरों के हृदय में, डोल
चमकीले पलों में,
हास्य के अनमोल मोती, रोल
तट की रेत, अपने आप कैसे टूटते हैं :
बुलबुलों में, सहज-इंगित मुद्रिकाओं के नगीने
भाव-अनुरंजित, न जाने सहज कैसे
हवा के उन्मुक्त उर में फूटते हैं !
(मौन मानव। बोल को तरसा करेगा क्या ?)

रिक्त रक्तिम हृदय आँचल में समेटे
घिरा नारी मन उचाटों में,
भूल-धूमिल जाल मानस पर लपेटे
नागफन के धूल-काँटों में :
खड़ी विजड़ित चरण⋯संध्या, मूल प्राणों की⋯
छाँह जीवन-वनकुसुम की, स्थिर।
(वास्तव को स्वप्न ही परसा करेगा क्या ?)

[1945]

यह विवशता

यह विवशता
        कभी बनती चाँद
        कभी काला ताड़
        कभी खूनी सड़क
        कभी बनती भीत, बाँध
        कभी बिजली की कड़क, जो
        क्षण-प्रतिक्षण चूमती-सी पहाड़।
यह विवशता
        बना देती सरल जीवन को
        ख़ून की आँधी।
यह विवशता
        मौन में भी है
        अथाह।

भावनाओं के सलीब
        स्वयं काँधा बन उठे-से हैं
कठिनतम।
        हड्डियों के जोड़
        खुल रहे हैं।
टूटते हैं बिजलियों के स्वप्न के आँसू;
आँख-सी सूनी पड़ी है भूमि।

क्रांत अंतर में अपार
        मौन।

[1945]

राग

1
मैंने शाम से पूछा–
या शाम ने मुझसे पूछा :
इन बातों का मतलब ?
मैंने कहा–
शाम ने मुझसे कहा :
राग अपना है।

2
आँखें मुँद गईं।
सरलता का आकाश था
जैसे त्रिलोचन की रचनाएँ।
नींद ही इच्छाएँ।

3
मैंने उससे पूछा–
उसने मुझसे :
कब ?
मैंने कहा–
उसने मुझसे कहा :
समय अपना राग है।

4
तुमने 'धरती' का पद्य पढ़ा है ?
उसकी सहजता प्राण है।

तुमने अपनी यादों की पुस्तक खोली है ?
जब यादें मिटती हुई एकाएक स्पष्ट हो गई हों ?
जब आँसू छलक न जाकर
आकाश का फूल बन गया हो ?
—वह मेरी कविताओं-सा मुझे लगेगा :
तब तुम मुझे क्या कहोगे ?

5

उसने मुझसे पूछा, तुम्हारी कविताओं का क्या मतलब है ?
मैंने कहा—कुछ नहीं।
उसने पूछा—फिर तुम इन्हें क्यों लिखते हो ?
मैंने कहा—ये लिख जाती हैं। तब
इनकी रक्षा कैसे हो जाती है ?
उसने क्यों यह प्रश्न किया ?

मैंने पूछा :
मेरी रक्षा कहाँ होती है ? मेरी साँस तो—
तुम्हारी कविताएँ हैं : उसने कहा। पर—
इन साँसों की रक्षा कैसे होती आई ?
वे साँसों में बँध गए; शायद ऐसे ही रक्षा
होती आई। फिर बहुत से गीत
खो गए।

6

वह अनायास मेरा पद गुनगुनाता हुआ बैठा
रहा, और मैंने उसकी ओर
देखा, और मैं समझ गया।
और यह संग्रह उसी के हाथों में खो गया।

7

उसने मुझसे पूछा, इन शब्दों का क्या
मतलब है ? मैंने कहा : शब्द
कहाँ हैं ? वह मौन मेरी ओर
देखता चुप रहा। फिर मैंने
श्रम-पूर्वक बोलते हुए कहा—कि :
शाम हो गई है। उसने मेरी
आँखों में देखा, और फिर—एकटक देखता
ही रहा। क्यों फिर उसने मेरा संग्रह
अपनी धुँधली गोद में खोला और
मुझसे कुछ भी पूछना भूल गया।
मुझको भी नहीं मालूम, कौन था
वह। केवल वह मुझे याद है।

8

तब छंदों के तार खिंचे-खिंचे थे,
राग बँधा-बँधा था,
प्यास उँगलियों में विकल थी—
कि मेघ गरजे;
और मोर दूर और कई दिशाओं से
बोलने लगे— —पीयूअ् ! पीयूअ् ! उनकी
हीरे-नीलम की गर्दनें बिजलियों की तरह
हरियाली के आगे चमक रही थीं।
कहीं छिपा हुआ बहता पानी
बोल रहा था : अपने स्पष्ट मधुर
प्रवाहित बोल।

[1945]

कठिन प्रस्तर में

कठिन प्रस्तर में अगिन सूराख।
मौन पर्तों में हिला मैं कीट।
(ढीठ कितनी रीढ़ है तन की–
तनी है!)

आत्मा है भाव :
भाव-दीठ
झुक रही है
अगम अंतर में
अनगिनत सूराख-सी करती।

ग़ज़ल

यहाँ कुछ रहा हो तो हम मुँह दिखाएँ
उन्होंने बुलाया है क्या ले के जाएँ

कुछ आपस में जैसे बदल-सी गई हों
हमारी दुआएँ तुम्हारी बलाएँ

तुम एक् ख़ाब थे जिसमें ख़ुद खो गए हम
तुम्हें याद आएँ तो क्या याद आएँ

वो एक् बात जो ज़िंदगी बन गई है
जो तुम भूल जाओ तो हम भूल जाएँ

वो ख़ामोशियाँ जिनमें तुम हो न हम हैं
मगर हैं हमारी तुम्हारी सदाएँ

बहुत नाम हैं एक 'शमशेर' भी है
किसे पूछते हो, किसे हम बताएँ

[1945]

रुबाई

हम अपने ख़याल को सनम समझे थे,
अपने को ख़याल से भी कम समझे थे!
होना था—समझना न था कुछ भी, शमशेर,
होना भी कहाँ था वह जो हम समझे थे!

[1945]

घनीभूत पीड़ा

(एक सिफ़नी)

ज़बाँदराज़ियाँ ख़ुदी की रह गईं,
तेरी निगाहें कहना था सो कह गईं।

—कोई
आँख मुँदी है न खुली।
एक ही चट्टान...लहर पार लहर, पार...
सूर्य के इस ओर ठहर
स्तंभ-तुला पर सिहरा
मौन जलद-कन।

—आँख मुँदी है न खुली   कोई।

× ×

बुलबुले उठे, उड़े
    —कि तीरछे मुड़े :
        खिले : फेन-कमल बन,
        उज्ज्वलतम :
    घनपट से दूर, वार,—खुले।
    कोमल कन, छन्-छन्, बुलबुले।
    ज्योति-जुड़े।

× ×

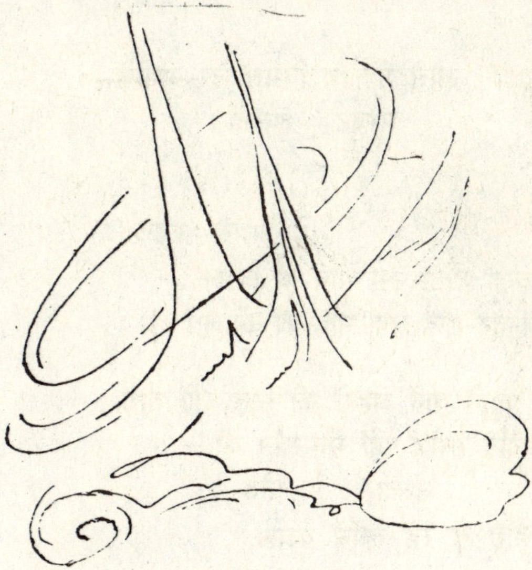

खोल, उठा ज्योति के मयंक

अंक मिटा भाल के, निशंक !

मोह-सत्य भौंह बंक।

लौह सत्य प्रेम-पंक।

—अन्यथा व्यथा व्यथा, वृथा···

है अनादि : आदि रंक—शून्य अंक।

तोल उठा वक्ष के अशंक भाव

की अथाहता !

× ×

वर्जित को जीत, भीत को भगा :

मौन प्रेम में पगा हृदय जगा !

सुप्ति-शुक्ति-पट विलोल,

खोले मुक्ताभ विमल उर अमोल
सम्पुट अलगा।

× ×

हे अमल अनल!

छोर कहाँ छोड़ा उस भाव का विमल :
सरिता-तट छोह जहाँ मोह का कमल?

चट्टानें तानें लहरों की नित रहीं तोड़
गति मरोड़ रहीं मनःस्वन की,—
उन्चास मोड़
होड़ ले रहे तुमसे केवल,
हे अमल अनल!
हे अमल अनल!

× ×

देखा था वह प्रभात;
तुम्हें साथ; पुनः रात :
पुलकित···फिर शिथिल, गात;
तप्त माथ, स्वेद-स्नात;
मौन म्लान, पीत पात;
पुनः अश्रु-बिंब-लीन
शनैः स्वप्न-कंप वात।

× ×

हे अगोरती विभा,
जोहती विभावरी!
हे अमा उमामयी,
भावलीन बावरी!
मौन मौन मानसी,
मानवी व्यथा-भरी!

लजाओ मत अभाव की परेख ले:
समाज आँख-भर तुम्हें न देख ले।

[1946]

घिर गया है समय का रथ

मौन संध्या का दिए टीका
रात
काली
आ गई :
सामने ऊपर, उठाए हाथ-सा
पथ बढ़ गया।

घेरने को दुर्ग की दीवार मानों—
अचल विंध्या पर
कुंडली खोली सिहरती चाँदनी ने
पंचमी की रात।
घूमता उत्तर दिशा को सघन पथ
संकेत में कुछ कह गया।

चमकते तारे लजाते हैं
प्रेरणा का दुर्ग।
पार पश्चिम के, क्षितिज के पार
अमित गगाएँ बहाकर भी
प्राण का नभ धूल-धूसित है।

भेद ऊषा ने दिए सब खोल
हृदय के कुल भाव,
रात्रि के, अनमोल।

दु:ख कढ़ता सजल, झलमल।
आँख मलता पूर्व-स्रोत।

पुनः
पुनः जगती जोत।

× ×

घिर गया है समय का रथ कहीं।
लालिमा से मढ़ गया है राग।
भावना की तुंग लहरें
पंथ अपना, अंत अपना जान
रोलती हैं मुक्ति के उद्‌गार।

[1946]

भारत की आरती

भारत की आरती
देश-देश की स्वतंत्रता देवी
आज अमित प्रेम से उतारती।

निकटपूर्व, पूर्व पूर्व-दक्षिण में
जन-गण-मन इस अपूर्व शुभ क्षण में
गाते हैं घर में हों या रण में
भारत की लोकतंत्र भारती।

गर्व आज करता है एशिया
अरब, चीन, मिस्र, हिंद-एशिया
उत्तर की लोक संघ शक्तियाँ
युग-युग की आशाएँ वारतीं।

साम्राज्य पूँजी का क्षत होवे
ऊँच-नीच का विधान नत होवे
साधिकार जनता उन्नत होवे
जो समाजवाद जय पुकारती।

जन का विश्वास ही हिमालय है
भारत का जन-मन ही गंगा है
हिंद महासागर लोकाशय है
यही शक्ति सत्य को उभारती।

यह किसान कमकर की भूमि है
पावन बलिदानों की भूमि है
भव के अरमानों की भूमि है
मानव इतिहास को सँवारती।

[15 अगस्त, 1947]

गीत

सावन की उनहार
आँगन-पार।

मधु बरसे, हुन बरसे,
बरसे——स्वाँति धार
आँगन पार।

सावन की उनहार–

[1948]

सावन

मैली, हाथ की धुली खादी
सा है
आसमान।
जो बादल का पर्दा है वह मटियाला धुँधला-धुँधला
एक-सार फैला है लगभग :
कहीं-कहीं तो जैसे हलका नील दिया हो।
उसकी हलकी-हलकी नीली झाँइयाँ
मिटती बनती बहती चलती हैं। उस
धूमिल अँगनारे के पीछे, वह
मौन गुलाबी झलक
एकाएक उभरकर ठहरी, फिर मद्धिम होकर मिट गई :
जैसे घोल गया हो कोई गँदले जल में
अपने हलकी-मेंहदीवाले हाथ।

मैली मटियाली मिट्टी की चाक
भीगी है पूरब में
—सारे आसमान में।
नीली छाया उसकी चमक रही है
जैसे गीली रेत
(यह जोलाई की पंद्रह ताराख़ है :
बादल का है राज)
—या जैसे, उस फ़ाख़्ता के बाज़ू के अंदर का रोआँ
कोमल उजला नीला

(कितना स्वच्छ !)
जिसको उस शाम
हमने मारा था !

×

ये नीले होंट
जो शाम का पूरब हैं आज
क्या कहते हैं ?
सावन की पलकें क्यों
भारी होतीं जाती हैं ? यह मौन
टंकाऽर
जो क्षितिज-भौंह में कँपती-सी है
दहला दहला देती मेरा हृदय।
वह
मोतियों की लूट ⋯ कहाँ गई वह हँसी ?
जहाँ ज़मीन और आसमान मिल रहे हैं,
वह भौंह
काँप रही है।

सावन आया है :
ख़ूब समझता हूँ मैं
सावन की ये पलकें
मूँद रही हैं मुझको।

×

×

देखो, रात
बिछलन से भरी हुई है
(तारे जुगनू होने चले गए हैं :
चाँद, चाँद-सा दिल में है, बस :
दिल, कि बहकती हुई रात है…)
यह रात फिसलन से भरी हुई है।

हाँ,
शरमाओ न मानी में!
तुम लफ़्ज़ नहीं हो; न
कठिन अर्थ हो कोई!
तुम छंद की लय भी हो अगर,
पर्दा हो (मान लिया!)
तुम
गीत खुले हुए हो, वही
जो मैंने
कल रात को गलियों में
गाया था (…काली उन
कीचड़ से भरी हुई, तनहा
गलियों में!)
शरमाओ न धड़कन की तरह
दिल में! तुम तो
धड़कन का इ ला ज हो!
तुम तो हो महज़ अता-पता मेरा!
अरे
वह नाम कहाँ हो

जो बूझ लिए जाओ ! शरमाओ मत।

ओ शौक़ के परवानो
ज़रा ठहरो :
यह शमा नहीं है।
यह दाग़ हैं सिर्फ़ :
यादों की शाम है
मेरे चिलमन में···
जरा ठहरो।

सावन है कि फ़ानूस
इक बूँद लहू का ? ओ
शौक़ के परवानो,
यहाँ आग नहीं है, तरी है।
ज़रा ठहरो।

सावन की घटा है
हिलता हुआ फ़ानूस आकाश।
तुम कहाँ हो ? ये घटा···
नाच रही है !

यह आसमान
चूम रहा है मेरी चौखट।
मैं चाँद और सूरज को निकालूँ
आल्मारी में रखे हुए एलबम से।
—तुम आओ न !
तुम कहाँ हो ? ये घटा··· !

परवानो,
तुम पर यहीं रख जाओ
औ रेंग जाओ
ताकि सनद रहे और्
वक़्त पे काम...

ये घटा...नाच रही है।
तुम कहाँ हो ?
मैं ख़ुद तो नहीं
य ख़ामोश
सुलगता हुआ पहरा–
य फ़ानूस ?
तम कहाँ हो ?...ये घटा नाच रही है।

×

तुम एक सवाल हो
मा मू ली - सा आज :
यह सावन
क्यों आया है ?
यह सावन क्यों आया है ?
तुम एक सवाल की हद हो,
तुम एक सवाल की हद हो
मेरे लिए,
मेरे लिए–
यह सावन

क्यों छाया ?
—यह सावन
मेरी उमीदों की साँझ पर
आज क्यों छाया ?
यह एक सँदेस
झलका जो—
कहाँ से ?
तुम वह हो।
आज मेरे लिए तुम
उसकी हद हो।
उस बात की हद हो
जो मेरे लिए हो—तुम
वह मेरी
हद हो
तुम,
तुम मेरे लिए
मेरी हद हो मेरी हद हो
तुम
मेरे
लिए……

[1948]

बाढ़ १९४८

['डायरी' एक ऐसी चीज़, जिसे आप एक्स्पैक्ट करते हैं मुझसे लिखने के लिए, मगर जिसे कोंटेनेंस करने के लिए आप तैयार नहीं—मैं लिख रहा हूँ—लिख रहा हूँ—
क्योंकि वह चीज़ ख़ुद मैं भी, मैं ख़ुद भी लिखना चाहता हूँ: और बिलाशुबह वह तो मेरा कोंटेनेंस है ही—मेरा चेहरा, मेरी रूह, हाँ, मेरी रूह।]

मिसेज़ 'अश्क' जो दरिया के सफ़ेद-मक्खनी उफान में
एक औरत का दिल लेकर, आसमान की आँखों में बैठ
जाना चाहतीं ··· और वहाँ से हिंडोला डालकर, मिस्टर
'अश्क' को उसमें झुलाना—आहिस्ता-आहिस्ता—आराम के
हिलकोरे देना, चाहती हैं: मोतियों की आब अपनी हँसी
और लहरों की साफ़ समझ अपनी पलकों के गिर्द ख़ूबसूरती
के साथ लिए हुए
                    ···और वह गुड्डा, वह बेबी जो हरेक अंकल,
हर अनजान आंटी को यूँ ही लिपट जाता है दौड़कर—
                                        जो वात्स्यायन को
        बग़ल से झाँककर संबोधन कर उठता है—'मेरी जा S न !'
वह चार साल का (या साढ़े-चार का) शोख़ गुड्डा,
बेबी, एक गंभीर, देव-से स्थिर शरीरवाले अपने अंकल
(दोस्त) को, अपने बाप के हँसोड़ बेतकल्लुफ़ाना 'दिलफेंक' लहजे
में मुस्कराकर, पुकार उठता है, वह गुड्डा—'मेरी जा S न !'
        और उसके ओंठ सिकुड़ने लगते हैं, बिसूरते हुए

आहत बच्चे के आत्माभिमान की सजल-सी तस्वीर खींचते हुए—
जब उसकी माँ अपनी अतिशिष्ट बुर्जुआ पर्सनेलिटी के सौम्य
झरोखे में
उसको बिठाकर डपट उठती है '··· !' जाने दो···
—मेरी रूह जो उस बच्चे-सी फिर मुस्कराने लगती है,
एक 'अच्छा लड़का' बनकर
निरीह,
फ़तहयाब !

'मैं उर्दू और हिंदी का दोआब हूँ।
मैं वह आईना हूँ, जिसमें आप हैं।
मैं एक नज़्म हूँ,
—एक दोहा हूँ, न जाने किसका···'

क्या नाम है इनका ?
देवेंद्र, नहीं··· :
—विवेक :

विवेक,
जमना में ज़बरदस्त बाढ़ आई है।
और गंगा में भी··· !
(—कितनी मुद्दत से, ऐसी बाढ़, लोगों को याद है—कि नहीं आई,
नहीं आई
उनके होश में, नहीं आई।)
बड़ी ज़बरदस्त बाढ़ आई है,
न जाने कितने मन बोरे गेहूँ के बह गए···
कितनी ही कच्ची दीवारों में लीपा हुआ धन बचाया न जा सका,
बह गया।

पानी-सी, ज़िंदगियाँ, आँख खोलते न खोलते, बुलबुलों की तरह बह गईं
और उन ज़िंदगियों के अफ़साने, यानी उन ज़िंदगियों को
बितानेवाले गंगा और जमना के किनारों पर ख़ाब की तरह
हाथ मलते हुए बैठे रह गए—इस दौर की तरह,
धर्म और परंपरा के : जो अपने ख़ोल और साये की तरह
अपनी रूह का मातम कर रहा है (—वह रूह हिंदू हो या मुसलमान :
यहूदी हो या जर्मन : साउथ-अफ़्रीकी-ह्वाइट हो या बर्मी-चीनी-माले
और रूसी हो या 'कम्युनिस्ट' नीग्रो-अमरीकी-नेशनलिस्ट चीनी···)
वह मेरे पॉलिटिकल कवि की तरह अपनी साँसों का हिसाब लगा रही है
कि वे कितने गेहूँ के दानों के बराबर हैं···

नेमि—
रेखा
'इप्टा'
नाटक···
जीवन-लेखा
आज का उपहास्य
भूख का आलोच्य
आर्ट
तुम कल्पना के पुतले
नहीं हो
तुम कम्युनिस्ट पार्टी की 'मशीन'
नहीं हो
(लोग ग़लत कहते हैं)
तुम कला का मौन
शांत

विवाह
संघर्ष के साथ—हो;
तुम कम्युनिस्ट हो,
यानी कलाकार—
का कर्म
यानी भविष्य का
मर्मभाव
आज के नाटक के अंत में !

उस नाटक का अंत मैं हूँ
मैं शमशेर
एक निरीह
फ़तह······ !

कल क्या है,
जिसके घूमते चक्के की धुरी में
'कल्चर'—'संस्कृति' की कीली
तुम्हें नज़र आती है,
उपेंद्रनाथ 'अश्क' ?
कल्चर
न तुम हो
न मैं
न वात्स्यायन
न कृशनचंदर
न नेमिचंद्र
न ड़ाक्टर दास
न 14 हेस्टिंग्स रोड का बैरा-ख़ानसामा-माली···

—कल्चर यह जीवन नहीं है :
कल्चर एक भावना है
आगे की
—भविष्य की संस्कृति,
जो उन चनों में है, जैनेंद्रकुमार जी,
जो कि महादेवी जी बाढ़-पीड़ितों को बाँट रही हैं
बाँट रही हैं, क्योंकि उनके गीत
उन चनों का हज़म किया हुआ आटा फ़ौरन नहीं बन सकते
अभी जबकि बाढ़ आई हुई है
···बाढ़
'संस्कृति' की भी आई हुई है
जैनेंद्र कुमार जी कलकत्ते और
बिहार और दिल्ली से
समाचार लाए हैं
कि परीशान हैं लोग संस्कृति से
समाजवादी अलग और कलावादी अलग
और जैनेंद्र ज़ी भी अलग, उनके मारे
''ख़तरे से बचो। दो धाराओं के पाट में
'साधो, बीच धार गहि जाय!'
'कहे कबीरा, क्या गुनिया क्या धुनिया'...''
महादेवी जी (गंभीर ओंठ करुणा से दबाए,
आँखों में चिंता—) साहित्य के पृष्ठों से निकालकर
पार्थिव कार्य-सृजन से, आत्मा के लिए
वह प्रकाश की स्पष्ट पुस्तक लिखेंगी,
जिसमें वेदों के अर्थ स्पष्ट पढ़े जा सकेंगे,
अनूदित हो सकेंगे।

उनसे मिलकर श्रीमती
कौशल्या 'अश्क' को अपनापा और घरेलूपन-सा
महसूस होता है। 'रिक्शावाला चिल्लाता रहता है,
उठने को तबीअत ही नहीं होती उनके पास से।···
वक्त का पता ही नहीं चलता···'

विवेक, हाँ, तुम टाइम पर
रिसर्च करते रहे हो? फिलासफ़ी में
एम. ए. करने के बाद।
?
यह सौम्य
सुथरा
सुंदर
बाह्य और अंतर, ऊँचे ढंग से कनफ़्यूज़्ड
सार्थक कल्चर
इन्टलैक्चुअल जीवन, आधुनिक

डा. दास,
टैगोर के अँतुल
ढेउ···
नादीर बॉन्नें
पर
बादल-भरे
गीत
कालिदास को अपने गले में गुँजाकर
लिखे-गाए-गवाए और

देश के हृदय और रोमावलियों में भरे
कैसे ?
अपना भारी शरीर लेकर, डा. दास,
अपना हाइब्लड प्रैशर और दिल की कमज़ोरी में
'रैस्ट' करते हुए,
डा. दास, बताओ तो फिर भी ज़रा,
डा. दास,
इलाहाबाद, संगम–
क्या सागर-संगम
शांति-निकेतन का भावुक पावन संगम नहीं ?
सन् 48 में। क्या कुछ भी उसका एक पार्ट नहीं ?
ऐसी बाढ़ में भी ?

मैरूंड है मेरा भाई
एक गाँव में, मुरादाबाद ज़िले में···
उसको चना नहीं चाहिए,
उसको मेरा सफ़र चाहिए ट्रेन में वहाँ तक···
उसकी कच्ची छत के नीचे मैं भी क्यों न हुआ ?
जहाँ उसके बच्चे सोते थे, या जागते रहे होंगे, जब बाढ़ आई···
सरोज और इंदो और कमला और वह उसकी पत्नी
उसकी गाड़ी के एक पहिए के साथ का दूसरा पहिया : और
इसके आगे ही मैं कहना चाहता हूँ कि घूमते ही रहे हैं उनके
मन और शरीर इस बाढ़ में
मुरादाबाद से ले कर इलाहाबाद के ज़िले तक,
इधर से उधर, उधर से इधर
लगातार···

डाकख़ाना बंद है
सब रास्ते बंद हैं···

··· ··· ···

मुझको चना नहीं चाहिए, महादेवी जी,
हालाँकि उसी पर मेरा गुज़ारा भी है,
बल्कि वह एक पल, जिस में कि मैं भाई से मिल सकूँ
और हवाई जहाज़ में उड़ने वालों से मैं पूछता हूँ
कि मुझे साइकिल का किराया ही वहाँ तक का मिल जाए
क्योंकि इस तरह तो मुझे जेलखाना है यह ज़िंदगी
(यानी अब तो महसूस ही होने लगी है···)
मैं सरकार की दुहाई नहीं देता,
जनता का अपने हृदय में ध्यान धरता हूँ
जनार्दन की तरह,
कि वही इन्क़लाब का वरदान देनेवाली है।
—वही चने की बोरियों पर बैठेगी···
संस्कृति और कल्चर के गेहूँ के एक-एक दाने पे···
—पकाकर···आटा करके—
और जो हमारी ज़िंदगी में हज़्म भी होगा
ईमानदारी की कमाई की तरह—'शाश्वत कला'
गहरे भाव की तरह, देवताओं के सुषुप्त मन में।

(भाष्य :—) 'वह शाश्वत कला जो
गाँव की बहू-बेटी की हथेली की मेंहदी है,,
वह गहरा माव—
जो पुरखों के बनाए कुएँ का कभी न चुकनेवाला

मीठा पानी है, जिसे : उस बहू-बेटी के हाथ
सुबह-शाम घर के लिए रोज़ ताज़ा खींचकर निकालते हैं
वे देवता
जो उस बहू और बेटी के भाई बंद और घरवाले हैं
वह सुषुप्ति
जो उनका भविष्य, उनके हाथों-पाँवों की शक्ति से
निरंतर बनता, मिले-जुले प्रयत्नों के सहारे,
अधिकाधिक जीवन के सुख में
प्राप्त होता जाता है
वह मन
जो उनके देश का जनतंत्र-जीवन है।

वह जीवन मैं हूँ, शमशेर, मैं
आज निरीह
कल
फ़तहयाब,
निश्चित् !

वह सलोना जिस्म

शाम का बहता हुआ दरिया कहाँ ठहरा!
साँवली पलकें नशीली नींद में जैसे झुकें
चाँदनी से भरी भारी बदलियाँ हैं,
ख़ाब में गीत पेंग लेते हैं
प्रेम की गुइयाँ झुलाती हैं उन्हें :
—उस तरह का गीत, वैसी नींद, वैसी शाम-सा है
वह सलोना जिस्म।

उसकी अधखुली अँगड़ाइयाँ हैं
कमल के लिपटे हुए दल
कसे भीनी गंध में बेहोश भौंरे को।

वह सुबह की चोट है हर पंखुड़ी पर।

रात की तारों भरी शबनम
कहाँ डूबी है!

नर्म कलियों के
पर झटकते हैं हवा की ठंड को।

तितिलियाँ गोया चमन की फ़िज़ा में नश्तर लगाती हैं।

—एक पल है यह समाँ
जागे हुए उस जिस्म का!

जहाँ शामें डूबकर फिर सुबह बनती हैं
एक-एक,–
और दरिया राग बनते हैं–कमल
फ़ानूस–रातें मोतियों की डाल–
दिन में
साड़ियों के से नमूने चमन में उड़ते छबीले; वहाँ
गुनगुनाता भी सजीला जिस्म वह–
जागता भी
मौन सोता भी, न जाने
एक दुनिया की
उमीद-सा,
किस तरह !

[1949]

एक मौन

सोने के सागर में अहरह
एक नाव है
(नाव वह मेरी है)
सूरज का गोल पाल संध्या के
सागर में अहरह
दोहरा है…
ठहरा है…
(पाल वो तुम्हारा है)

एक दिशा नीचे है
एक दिशा ऊंपर है
यात्रि ओ!
एक दिशा आगे है
एक दिशा पीछे है
यात्रि ओ!
हम-तुम नाविक हैं
इस दस ओर के:
अनुभव एक हैं
दस रस ओर के:

यात्रि ओ!

आओ, इकहरी हैं लहरें
अहरह।

संध्या, ओ संध्या ! ठहर–
मत बह !
अमरन मौन एक भाव है
(और वह भाव हमारा है !)
ओ मन ओ
तू एक नाव है !
(और वह नाव हमारी है !)

[1951]

अम्न का राग

सच्चाइयाँ
जो गंगा के गोमुख से मोती की तरह बिखरती रहती हैं
हिमालय की बर्फ़ीली चोटी पर चाँदी के उन्मुक्त नाचते
परों में झिलमिलाती रहती हैं
जो एक हज़ार रंगों के मोतियों का खिलखिलाता समंदर है
उमंगों से भरी फूलों की जवान कश्तियाँ
कि बसंत के नए प्रभात सागर में छोड़ दी गई हैं।

ये पूरब पश्चिम मेरी आत्मा के ताने-बाने हैं
मैंने एशिया की सतरंगी किरनों को अपनी दिशाओं के गिर्द

लपेट लिया
और मैं यूरोप और अमरीका की नर्म आँच की धूप-छाँव पर

बहुत हौले-हौले नाच रहा हूँ
सब संस्कृतियाँ मेरे सरगम में विभोर हैं
क्योंकि मैं हृदय की सच्ची सुख-शांति का राग हूँ
बहुत आदिम, बहुत अभिनव।

हम एक साथ उषा के मधुर अधर बन उठे
सुलग उठे हैं
सब एक साथ ढाई अरब धड़कनों में बज उठे हैं
सिम्फ़ोनिक आनंद की तरह
यह हमारी गाती हुई एकता

संसार के पंच परमेश्वर का मुकुट पहन
अमरता के सिंहासन पर आज हमारा अखिल लोकप्रेसिडेंट

बन उठी है।

देखो न हक़ीक़त हमारे समय की कि जिसमें
होमर एक हिंदी कवि सरदार जाफ़री को
इशारे से अपने क़रीब बुला रहा है
कि जिसमें
फ़ैयाज़ खाँ बिटाफ़ेन के कान में कुछ कह रहा है
मैंने समझा कि संगीत की कोई अमर लता हिल उठी
मैं शेक्सपियर का ऊँचा माथा उज्जैन की घाटियों में
झलकता हुआ देख रहा हूँ
और कालिदास को वैमर के कुंजों में विहार करते
और आज तो मेरा टैगोर मेरा हाफ़िज़ मेरा तुलसी मेरा
ग़ालिब
एक-एक मेरे दिल के जगमग पावर हाउस का
कुशल आपरेटर है।

आज सब तुम्हारे ही लिए शांति का युग चाहते हैं
मेरी कुटूबुटू
तुम्हारे ही लिए मेरे प्रतिभाशाली भाई तेजबहादुर
मेरे गुलाब की कलियों-से हँसते-खेलते बच्चो
तुम्हारे ही लिए, तुम्हारे ही लिए
मेरे दोस्तो, जिनसे ज़िंदगी में मानी पैदा होते हैं
और उस निश्छल प्रेम के लिए

जो माँ की मूर्ति है
और उस अमर परमशक्ति के लिए जो पिता का रूप है।

हर घर में सुख
शांति का युग
हर छोटा-बड़ा हर नया पुराना हर आज-कल-परसों के
आगे और पीछे का युग
शांति की स्निग्ध कला में डूबा हुआ
क्योंकि इसी कला का नाम जीवन की भरी-पूरी गति है।

मुझे अमरीका का लिबर्टी स्टैचू उतना ही प्यारा है
जितना मास्को का लाल तारा
और मेरे दिल में पेकिंग का स्वर्गीय महल
मक्का-मदीना से कम पवित्र नहीं
मैं काशी में उन आर्यों का शंखनाद सुनता हूँ
जो वोल्गा से आए
मेरी देहली में प्रह्लाद की तपस्याएँ दोनों दुनियाओं की
चौखट पर
युद्ध के हिरण्यकश्यप को चीर रही हैं।

यह कौन मेरी धरती की शांति की आत्मा पर कुरबान हो
गया है
अभी सत्य की खोज तो बाक़ी ही थी
यह एक विशाल अनुभव की चीनी दीवार
उठती ही बढ़ती आ रही है
उसकी ईंटें धड़कते हुए सुर्ख दिल हैं

यह सच्चाइयाँ बहुत गहरी नीवों में जाग रही हैं
वह इतिहास की अनुभूतियाँ हैं
मैंने सोवियत यूसुफ़ के सीने पर कान रखकर सुना है।

आज मैंने गोर्की को होरी के आँगन में देखा
और ताज के साए में राजर्षि कुंग को पाया
लिंकन के हाथ में हाथ दिए हुए
और ताल्स्ताय मेरे देहाती यूपियन होंठों से बोल उठा
और अरागों की आँखों में नया इतिहास
मेरे दिल की कहानी की सुर्ख़ी बन गया
मैं जोश की वह मस्ती हूँ जो नेरुदा की भवों से
जाम की तरह टकराती है
वह मेरा नेरुदा जो दुनिया के शांति पोस्ट आफ़िस का
प्यारा और सच्चा क़ासिद
वह मेरा जोश कि दुनिया का मस्त आशिक़
मैं पंत के कुमार छायावादी सावन-भादों की चोट हूँ
हिलोर लेते वर्ष पर
मैं निराला के राम का एक आँसू
जो तीसरे महायुद्ध के कठिन लौह पर्दों को
एटमी सुई-सा पार कर गया पाताल तक
और वहीं उसको रोक दिया
मैं सिर्फ़ एक महान विजय का इंदीवर जनता की आँख में
जो शांति की पवित्रतम आत्मा है।

पच्छिम में काले और सफ़ेद फूल हैं और पूरब में पीले और लाल

उत्तर में नीले कई रंग के और हमारे यहाँ चम्पई-साँवले
और दुनिया में हरियाली कहाँ नहीं
जहाँ भी आसमान बादलों से ज़रा भी पोंछे जाते हों
और आज गुलदस्तों में रंग-रंग के फूल सजे हुए हैं
और आसमान इन खुशियों का आईना है।

आज न्यूयार्क के स्काईस्क्रेपरों पर
शांति के 'डवों' और उसके राजहंसों ने
एक मीठे उजले सुख का हलका-सा अँधेरा
और शोर पैदा कर दिया है।
और अब वो आर्जन्टीना की सिम्त अतलांतिक को पार कर
रहे हैं
पाल राब्सन ने नई दिल्ली से नए अमरीका की
एक विशाल सिम्फ़नी ब्राडकास्ट की है
और उदयशंकर ने दक्षिणी अफ्रीका में नई अजंता को
स्टेज पर उतारा है
यह महान नृत्य वह महान स्वर कला और संगीत
मेरा है यानी हर अदना से अदना इंसान का
बिल्कुल अपना निजी।
युद्ध के नक़्शों को क़ैंची से काटकर कोरियायी बच्चों ने
झिलमिली फूलपत्तों की रौशन फ़ानूसें बना ली हैं
और हथियारों का स्टील और लोहा हज़ारों
देशों को एक-दूसरे से मिलानेवाली रेलों के जाल में बिछ
गया है
और ये बच्चे उन पर दौड़ती हुई रेलों के डिब्बों की
खिड़कियों से

हमारी ओर झाँक रहे हैं
यह फ़ौलाद और लोहा खिलौनों मिठाइयों और किताबों
से लदे स्टीमरों के रूप में
नदियों की सार्थक सजावट बन गया है
या विशाल ट्रैक्टर-कंबाइन और फैक्टरी-मशीनों के
हृदय में
नवीन छंद और लय का प्रयोग कर रहा है।

यह सुख का भविष्य शांति की आँखों में ही वर्तमान है
इन आँखों से हम सब अपनी उम्मीदों की आँखें सेंक
रहे हैं
ये आँखें हमारे दिल में रोशन और हमारी पूजा का
फूल है
ये आँखें हमारे कानून का सही चमकता हुआ मतलब
और हमारे अधिकारों की ज्योति से भरी शक्ति हैं
ये आँखें हमारे माता-पिता की आत्मा और हमारे बच्चों
का दिल हैं
ये आँखें हमारे इतिहास की वाणी
और हमारी कला का सच्चा सपना हैं
ये आँखें हमारा अपना नूर और पवित्रता हैं
ये आँखें ही अमर सपनों की हक़ीक़त और
हक़ीक़त का अमर सपना हैं
इनको देख पाना ही अपने आपको देख पाना है, समझ
पाना है।
हम मनाते हैं कि हमारे नेता इनको देख रहे हों।

[1945]

चीन देश का नाम

[हाशिए पर दिए हुए चीनी संकेताक्षरों का अर्थ चीन देश का नाम है : 'चीनी जनता का लोकसत्तात्मक गणतंत्र राज्य।' देशों के बीच मैत्रीभाव का आशय सम्मुख था। उससे प्रेरित होकर इन अलग-अलग संकेताक्षरों के मूल अर्थों की भाव-भूमि पर यह स्वतंत्र रूपक पल्लवित किया गया है।]

मैंने
क्षितिज के बीचोबीच
खिला हुआ देखा
कितना बड़ा फूल !

中

देखकर
गंभीर शपथ की एक
तलवार सीधी अपने सीने पर
रखी और प्रण लिया
कि :

華

वह आकाश की माँग का फूल
जब तक मैं चूम न लूँगा
चैन से न बैठूँगा।

人

और महान संदेश लिए
दौड़ता हुआ संदेशवाहक हो जैसे—
मैं दौड़ा :

民

चार दिशाओं का आलोक
सिर पर धारे
पाँवों में उत्साह के पर औ'
अक्षुण्ण गति के तीर
बाँधे।

共

और पहुँचकर वहीं
अपने प्रेम की
बाँहों में बाँहें डाल दीं मैंने
और उस सीमा के ऊपर खड़े हुए
हम दोनों प्रसन्न थे।

和

अमर सौंदर्य का
कोई इशारा-सा
एक तीर–
दिशाओं की चौकोर दुनिया के बराबर
संतुलित
सधा हुआ–
निशाने पर
छूटने-छूटने को था।

× ×

國

(हमारा अंतर
एक बहुत बड़ी विजय का
आलोक-चिह्न
है।)

शंख-पंख

बिजली के/ऑरोरा/शंख-पंख
झलझल कर/शृंग-माल
एक मौन/विस्मय से
उठे-उड़े

भूतल पर
नव-निधान से !

[1953]

एक पीली शाम

एक पीली शाम
        पतझर का ज़रा अटका हुआ पत्ता
शांत
मेरी भावनाओं में तुम्हारा मुखकमल
कृश म्लान हारा-सा
        (कि मैं हूँ वह
मौन दर्पण में तुम्हारे कहीं ?)

        वासना डूबी
        शिथिल पल में
        स्नेह काजल में
        लिए अद्भुत रूप-कोमलता

अब गिरा अब गिरा वह अटका हुआ आँसू
सांध्य तारक-सा
        अतल में ।

[1953]

उषा

प्रात नभ था बहुत नीला शंख जैसे

भोर का नभ

राख से लीपा हुआ चौका
[अभी गीला पड़ा है]

बहुत काली सिल ज़रा से लाल केसर से
कि जैसे धुल गई हो

स्लेट पर या लाल खड़िया चाक
मल दी हो किसी ने

नील जल में या किसी की
गौर झिलमिल देह
जैसे हिल रही हो।

और...
जादू टूटता है इस उषा का अब
सूर्योदय हो रहा है।

पूर्णिमा का चाँद

चाँद निकला बादलों से पूर्णिमा का।
        गल रहा है आसमान।
एक दरिया उमड़कर पीले गुलाबों का
        चूमता है बादलों के झिलमिलाते
        स्वप्न जैसे पाँव।

सुबह

जो कि सिकुड़ा हुआ बैठा था, वो पत्थर
सजग-सा होकर पसरने लगा
आप से आप।

पूरा आसमान का आसमान

पूरा आसमान का आसमान है
        एक इंद्रधनुषी ताल
नीला साँवला   हलका-गुलाबी
        बादलों का धुला
                        पीला धुआँ...
मेरा कक्ष, दीवारें, किताबें, मैं, सभी
इस रंग में डूबे हुए-से
मौन।

और फिर मानो कि मैं
एक मत्स्य--हृदय में
        बहुत ही रंगीन,
        लेकिन
बहुत सादा साँवलापन लिए ऊपर,
देखता हूँ मौन पश्चिम देश :
लहरों के क्षितिज पर
एक
बहुत ही रंगीन हलकापन,
बहुत ही रंगीन कोमलता।

कहाँ हैं
वो कि ता बें, दी वा रें, चे ह रे, वो
बादलों की इंद्रधनुषी हँसियाँ?
बादलों में इंद्रधनुषाकार   लहरीली
                        लाल हँसियाँ
                        कहाँ हैं?

गीली मुलायम लटें

गीली मुलायम लटें
आकाश
साँवलापन रात का गहरा सलोना
स्तनों के बिंबित उभार लिए
हवा में बादल
सरकते
चले जाते हैं मिटाते हुए
जाने कौन से कवि को...

नया गहरापन
तुम्हारा
हृदय में
डूबा चला जाता
न जाने कहाँ तक
आकाश-सा

ओ साँवलेपन

ओ
सुदूरपन
ओ केवल
लयगति...

एक नीला आइना बेठोस

एक नीला आइना
बेठोस-सी यह चाँदनी
और अंदर चल रहा हूँ मैं
उसी के महातल के मौन में।
मौन में इतिहास का
कन किरन जीवित, एक, बस।

एक पल के ओट में है कुल जहान।

आत्मा है
अखिल की हठ-सी।

चाँदनी में घुल गए हैं
बहुत-से तारे   बहुत कुछ
घुल गया हूँ मैं
बहुत कुछ अब।
रह गया-सा एक सीधा बिंब
चल रहा है जो
शांत इंगित-सा
न जाने किधर।

टूटी हुई, बिखरी हुई

टूटी हुई बिखरी हुई चाय
की दली हुई पाँव के नीचे
पत्तियाँ
मेरी कविता
बाल, झड़े हुए, मैल से रूखे, गिरे हुए, गर्दन से फिर भी
चिपके
···कुछ ऐसी मेरी खाल,
मुझसे अलग-सी, मिट्टी में
मिली-सी

दोपहर-बाद की धूप-छाँह में खड़ी इंतज़ार की ठेलेगाड़ियाँ
जैसे मेरी पसलियाँ···
ख़ाली बोरे सूजों से रफ़ू किए जा रहे हैं···जो
मेरी आँखों का सूनापन हैं

ठंड भी एक मुस्कराहट लिए हुए है
जो कि मेरी दोस्त है।

कबूतरों ने एक गज़ल गुनगुनाई···
मैं समझ न सका, रदीफ़-क़ाफ़िए क्या थे,
इतना ख़फ़ीफ़, इतना हलका, इतना मीठा
उनका दर्द था।

आसमान में गंगा की रेत आईने की तरह हिल रही है।
मैं उसी में कीचड़ की तरह सो रहा हूँ
और चमक रहा हूँ कहीं···
न जाने कहाँ।

मेरी बाँसुरी है एक नाव की पतवार–
जिसके स्वर गीले हो गए हैं,
छप्-छप्-छप् मेरा हृदय कर रहा है...
छप् छप् छप्।

वह पैदा हुआ है जो मेरी मृत्यु को सँवारनेवाला है।
वह दूकान मैंने खोली है जहाँ 'प्वाइज़न' का लेबुल लिए हुए
दवाइयाँ हँसती हैं–
उनके इंजेक्शन की चिकोटियों में बड़ा प्रेम है।

वह मुझ पर हँस रही है, जो मेरे होठों पर एक तलुए
के बल खड़ी है
मगर उसके बाल मेरी पीठ के नीचे दबे हुए हैं
और मेरी पीठ को समय के बारीक तारों की तरह
खुरच रहे हैं
उसके एक चुंबन की स्पष्ट परछाईं मुहर बनकर उसके
तलुओं के ठप्पे से मेरे मुँह को कुचल चुकी है
उसका सीना मुझको पीसकर बराबर कर चुका है।

मुझको प्यास के पहाड़ों पर लिटा दो जहाँ मैं
एक झरने की तरह तड़प रहा हूँ।
मुझको सूरज की किरनों में जलने दो–
ताकि उसकी आँच और लपट में तुम
फ़ौवारे की तरह नाचो।

मुझको जंगली फूलों की तरह ओस से टपकने दो,
ताकि उसकी दबी हुई ख़ुशबू से अपने पलकों की
उनींदी जलन को तुम भिगो सको, मुमकिन है तो।
हाँ, तुम मुझसे बोलो, जैसे मेरे दरवाज़े की शरमाती चूलें

सवाल करती हैं बार-बार... मेरे दिल के
अनगिनती कमरों से

हाँ, तुम मुझसे प्रेम करो जैसे मछलियाँ लहरों से करती हैं
...जिनमें वह फँसने नहीं आतीं,
जैसे हवाएँ मेरे सीने से करती हैं
जिसको वह गहराई तक दबा नहीं पातीं,
तुम मुझसे प्रेम करो जैसे मैं तुमसे करता हूँ।

आईनो, रोशनाई में घुल जाओ और आसमान में
मुझे लिखो और मुझे पढ़ो।
आईनो, मुस्कराओ और मुझे मार डालो।
आईनो, मैं तुम्हारी ज़िंदगी हूँ।

एक फूल ऊषा की खिलखिलाहट पहनकर
रात का गड़ता हुआ काला कंबल उतारता हुआ
मुझसे लिपट गया।

उसमें काँटें नहीं थे—सिर्फ़ एक बहुत
काली, बहुत लंबी ज़ुल्फ़ थी जो ज़मीन तक
साया किए हुए थी... जहाँ मेरे पाँव
खो गए थे।

वह गुल मोतियों को चबाता हुआ सितारों को
अपनी कनखियों में घुलाता हुआ, मुझ पर
एक ज़िंदा इत्रपाश बनकर बरस पड़ा।

और तब मैंने देखा कि मैं सिर्फ़ एक साँस हूँ जो उसकी
बूँदों में बस गई है।
जो तुम्हारे सीनों में फाँस की तरह ख़ाब में

अटकती होगी, बुरी तरह खटकती होगी।

मैं उसके पाँवों पर कोई सिजदा न बन सका,
क्योंकि मेरे झुकते न झुकते
उसके पाँवों की दिशा मेरी आँखों को लेकर
खो गई थी।

जब तुम मुझे मिले, एक खुला फटा हुआ लिफ़ाफ़ा
तुम्हारे हाथ आया।
बहुत उसे उलटा-पलटा—उसमें कुछ न था—
तुमने उसे फेंक दिया : तभी जाकर मैं नीचे
पड़ा हुआ तुम्हें 'मैं' लगा। तुम उसे
उठाने के लिए झुके भी, पर फिर कुछ सोचकर
मुझे वहीं छोड़ दिया। मैं तुमसे
यों ही मिल लिया था।

मेरी याददाश्त को तुमने गुनाहगार बनाया—और उसका
सूद बहुत बढ़ाकर मुझसे वसूल किया। और तब
मैंने कहा—अगले जनम में। मैं इस
तरह मुस्कराया जैसे शाम के पानी में
डूबते पहाड़ ग़मगीन मुस्कराते हैं।

मेरी कविता की तुमने ख़ूब दाद दी—मैंने समझा
तुम अपनी ही बातें सुना रहे हो। तुमने मेरी
कविता की ख़ूब दाद दी।

तुमने मुझे जिस रंग में लपेटा, मैं लिपटता गया :
और जब लपेट न खुले—तुमने मुझे जला दिया।
मुझे, जलते हुए को भी तुम देखते रहे : और वह

मुझे अच्छा लगता रहा।

एक ख़ुशबू जो मेरी पलकों में इशारों की तरह
बस गई है; जैसे तुम्हारे नाम की नन्हीं-सी
स्पेलिंग हो, छोटी-सी प्यारी-सी, तिरछी स्पेलिंग,

आह, तुम्हारे दाँतों से जो दूब के तिनके की नोक
उस पिकनिक में चिपकी रह गई थी,
आज तक मेरी नींद में गड़ती है।

अगर मुझे किसी से ईर्ष्या होती तो मैं
दूसरा जन्म बार-बार हर घंटे लेता जाता :
पर मैं तो जैसे इसी शरीर से अमर हूँ–
तुम्हारी बरकत !

बहुत-से तीर   बहुत-सी नावें,   बहुत-से पर इधर
उड़ते हुए आए, घूमते हुए गुज़र गए
मुझको लिए, सबके सब। तुमने समझा
कि उनमें तुम थे। नहीं, नहीं, नहीं।
उनमें कोई न था। सिर्फ़ बीती हुई
अनहोनी और होनी की उदास
रंगीनियाँ थीं।   फ़क़त।

[1954]

गीत

निंदिया सतावे मोहें सँझही से सजनी।
            सँझही से सजनी।।१।।
प्रेम-बतकही
      तनक हू न भावे
            सँझही से सजनी।।२।।
            निंदिया सतावे मोहें०।
छलिया रैन
      कजर ढरकावे
            सँझही से सजनी।।३।।
            निंदिया सतावे मोहें०।
दुअि नैना मोहें
      झुलना झुलावें
            सँझही से सजनी।।४।।
            निंदिया सतावे मोहें०।

[1955]

क़ते और शे'र

मैं कई बार मिट चुका हूँगा
वर्ना इस ज़िंदगी की इतनी धूम

●

जी को लगती है तेरी बात खरी है शायद
वही शमशेर मुज़फ़्फ़रनगरी है शायद

आज फिर काम से लौटा हूँ बड़ी रात गए
ताक़ पर ही मेरे हिस्से की धरी है शायद

मेरी बातें भी तुझे ख़ाबे-जवानी-सी हैं
तेरी आँखों में अभी नींद भरी है शायद

●

एक क़लम है और सौ मज़मून हैं;
एक क़तरा ख़ूने-दिल तूफ़ान है।

●

तुमसे बातें रात-भर करता रहा;
यह न समझा दिल, कोई मेहमान है।

●

हो चुकी जब ख़त्म अपनी ज़िंदगी की दास्ताँ,
उनकी फ़र्माइश हुई है, इसको दोबारा कहें।

●

इल्मो-हिकमत, दीनो-ईमाँ, मुल्को-दौलत, हुस्नो-इश्क़;
आपको बाज़ार से जो कहिए ला देता हूँ मैं।

•

अपनी मिट्टी को छिपाएँ आसमानों में कहाँ
उस गली में भी न जब अपना ठिकाना हो सका!

•

ख़ामोशिए-दुआ हूँ, मुझे कुछ ख़बर नहीं
जाती हैं क्या सदाएँ तेरे आस्ताँ के पार।

•

वो अपनों की बातें, वो अपनों की ख़ू-बू
हमारी ही हिंदी, हमारी ही उर्दू!

ये कोयल्-ओ-बुलबुल के मीठे तराने:
हमारे सिवा इसका रस कौन जाने!

•

कहता है बाज़ुओं का ज़ोर दोनों जहाँ को तोलकर
मालिके-दो जहाँ इधर देखके मेरा मोल कर!

एक आदमी दो पहाड़ों को कुहनियों से ठेलता

एक आदमी दो पहाड़ों को कुहनियों से ठेलता
पूरब से पच्छिम को एक क़दम से नापता
बढ़ रहा है

कितनी ऊँची घासें चाँद-तारों को छूने-छूने को हैं
जिनसे घुटनों को निकालता वह बढ़ रहा है
अपनी शाम को सुबह से मिलाता हुआ

फिर क्यों
        दो बादलों के तार
उसे महज़ उलझा रहे हैं?

[1956]

ऐसा ही प्रण

सानेट और त्रिलोचन : काठी दोनों की है
एक। कठिन प्रकार में बँधी सत्य सरलता।

साधे गहरी साँस सहज ही ...ऐसा लगता
जैसे पर्वत तोड़ रहा हो कोई निर्भय
सागर-तल में खड़ा अकेला; वज्र हृदयमय।

नैसर्गिक स्वर में जब ऐसी गूढ़ अगमता
स्वयं बोलती हो जो युग की अवास्तविकता
को मानो ललकार रही हो, तब निःसंशय
अंतस्तल खिल-खिल जाता : चट्टानें भीतर
दुखती-सी कसमस जीवन की।
—बढ़कर उन पर

सीधी चोट लगाऊँ, उनको ढाऊँ बरबस
डूबी हुई खान की निधियाँ अपनी सरबस!
लाऊँ ऊपर! अपने अंदर ऐसा ही प्रण
लिए हुए हैं शायद सानेट और त्रिलोचन।

[1957]

अज्ञेय से

जो नहीं है
जैसे कि सुरुचि'
उसका ग़म क्या ?
वह नहीं है।

किससे लड़ना ?

रुचि तो है शांति,
स्थिरता,
काल-क्षण में
एक सौंदर्य की
मौन अमरता।

अस्थिर क्यों होना
फिर ?

जो है
उसे ही क्यों न सँजोना ?
उसी के क्यों न होना ?–
जो कि है।

जो नहीं है
जैसे कि सुरुचि
उसका ग्म क्या ?
वह नहीं है।

योग

सूर्य मेरी पुतलियों में स्नान करता
केश-वन में झिलमिलाकर डूब जाता
स्वप्न-सा निस्तेज गतचेतन कुमार

कमल तल में खिले सर के,
शीर्षासन से।

जागरण की चेतना से मैं नहा उट्ठा।

हवा है मेरी असंख्य
दृष्टियाँ अनुक्षण परस्पर देखतीं खुल-मुँद,
असंख्य
        चपल शीतल दृग
                पुलक पल लिए, अपरंपार।

मैं कमल के नाल पर बैठा हुआ हूँ
एक एड़ी पर टिकाए मौन।

– – –

चट-चटककर कमर बोली⋯(क्या?)–
"घूमती लचती दिशाओं में
मैं पताका-सी।"

[5 : 2 : '58]

ओ युग आ

ओ युग
आ
मुझे और लिए चल
ज़रा और–
शक्ति औ' प्रेम की गर्वभरी बाँहों में
और उस सादगी के सीने पे
जो : छोटी-छोटी दैनिक
बातों में होती है
कि लोक
गुनगुनाने लगें
शांत सरल
आनंद में !

ओ युग आ, मुझे और लिए चल, ज़रा-सा
और गा
ताकि मैं सुनूँ और झूमूँ
और उन नए मानों को आत्मा से चूमूँ
जो मेरे होंगे–और मैं जिनमें हूँगा
वह दर्शन वह कर्म
वह शांति वह मर्म
जो युगों ने न समझा होगा
वह तेरा और मेरा होगा

ओ युग, आ
मुझे नया   और नया   और नया बना
जैसे कली की आदिम मुस्कान
गहनतम मूलों को सहज रोमांचित करे
वैसे तू मुझको भरे !
ओ ताज़ा मोती की आब
ओ नए मान
आज ही खरादे हुए नग
तेरी गहराइयों की झलक
कि प्रागैतिहासिक जग
जग उठे जैसे
उस एक मुस्कान उस एक मद-मान में जैसे
वैसे तू मुझको वरे !

ओ युग, आ
मुझे   उठा
ज़रा-सा और लिए चल ... ज़रा-सा
मेरी बहारें
युगों की बहारें   हैं
आनेवाली
मेरी आत्मा की
शाश्वत
तू ही रखवाली
करेगा
एक-एक क्षण एक-एक कण
मेरा मैं मरेगा

तेरा अपार   मेरा संसार
        कितने कितने जीवन से भरेगा
कि मैं कह नहीं सकता !

ओ युग, मेरी कलाओं की संभावनाएँ
        कुल
        तेरी निगाहों में हैं
सायंसी राहों की
        अप्रतिम   महिमाएँ
                यौवन की
                        गरिमाओं
                                उछाहों में हैं
संग उनके
        ओ युग मुझे ले चल
                        और ज़रा-सा !

और ज़रा-सी मैं पी लूँ
                        अमृत बूँदें
        उस धारा की   जो तू है !
                                        जाने
                        कौन रहस्य
                कल मेरी आँखें मूँदे !
        नए से नए अति परिचित
                        कौन रहस्य
        मुझको मुझसे खो दें !
        कल ही हो शायद वह कल

कह नहीं सकता
ओ अवतारों के युग मेरे नए
मानव की नई
संज्ञा के
अमर आधारों के
संग अपने आधारों के
और ज़रा-सा मुझे ले चल
और ज़रा-सा !

गा वह गीत
कि जो मैं समझूँ
आज
और कोई समझे न समझे !

गा, कि मैं सुनूँ और झूमूँ
और नए मानों की आत्मा को
आज अपनी आत्मा से चूमूँ
कि वह है अनंत
जीवन की रसमयता !
इसीलिए और ज़रा-सा
मुझे ले चल
और ज़रा-सा !

[1958]

होली : रंग और दिशाएँ

[एक एब्सट्रैक्ट पेंटिंग]

1

जँगले जालियाँ,
स्तंभ
धूप के संगमर्मर के,
ठोस तम के।

कँटीले तार हैं
गुलाब बाड़ियाँ।

दूर से आती हुई
एक चौपड़ की सड़क
अंतस् में
खोई जा रही।

धूप केसर आरसी
···बाहें।

आँखें अनझिप
खुलीं
वक्ष में।

स्तन
पुलक बन

उठते और
    मुँदते।

    पीले चाँद
खिड़कियाँ
आत्मा की।

गुलाल :
        धूल में
            फैली
                सुबहें।

            मुख :
        सूर्य के टुकड़े
सघन घन में खुले-से,
या ढके
        मौन,
अथवा
प्रखर
        किरणों से।

जल
आइना।
        सड़कें
            विविध वर्ण :
                बहुत गहरी।

                            पाट चारों ओर
                                        दर्पण–
                            समय के अगणित चरण को।
घूमता जाता हुआ-सा कहीं, चारों ओर
                                                    वह
                            दिशाओं का हमारा
                            अनंत
                            दर्पण।

2

चौखटे
        द्वार
                खिड़कियाँ :
सघन
        पर्दे
        गगन के-से :
हमीं हैं वो
हिल रहे हैं
एक विस्मय से :
        अलग
        हर एक
        अपने आप :
(हँस रहे हैं
        चौखटे द्वार

खिड़कियाँ जँगले
हम आप।)
केश
लहरते हैं दूर तक
हवा में :
थिरकती है रात :
हम खो गए हैं
अलग-अलग
हरेक।

3

कई धाराएँ
खड़ी हैं स्तंभवत्
गति में :
छुआ उनको,
गए।

कई दृश्य
मूर्त्त द्वापर
और सतयुग
झाँकते हैं हमें
मध्ययुग से
खिल-खिलाकर
माँगते हैं हमें :
हमने सर निकाला खिड़कियों से

और हम
गए।

सौंदर्य
प्रकाश है।

पर्व
प्रकाश है
अपना।
हम मिल नहीं सकते :
मिले कि
खोए गए।
आँच हैं रंग :
तोड़ना उनका
बुझाना है
कहीं अपनी चेतना को।
लपट
फूल हैं,
कोमल
बर्फ़ से :
हृदय से उनको लगाना
सींझ देना है
वसंत बयार को
साँस में :
वो हृदय हैं स्वयं।

× ×

एक ही ऋतु हम
जी सकेंगे,
एक ही सिल बर्फ़ की
धो सकेंगे
प्राण अपने।
(कौन कहता है ?)

यहीं सब कुछ है।
इसी ऋतु में
इसी युग में
इसी
हम
में।

[1958]

लौट आ, ओ धार

लौट आ ओ धार

टूट मत ओ साँझ के पत्थर
हृदय पर

(मैं समय की एक लंबी आह
मौन लंबी आह)

लौट आ, ओ फूल की पंखड़ी
फिर
फूल में लग जा

चूमता है धूल का फूल
कोई, हाय।

[1959]

धूप कोठरी के आइने में खड़ी

धूप कोठरी के आइने में खड़ी
हँस रही है

पारदर्शी धूप के पर्दे
मुस्कराते
मौन आँगन में

मोम-सा पीला
बहुत कोमल नभ

एक मधुमक्खी हिलाकर फूल को
बहुत नन्हा फूल
उड़ गई

आज बचपन का
उदास मा का मुख
याद आता है।

[1959]

सौंदर्य

एक अंधकार के चमकीले निर्झर में
तुम्हारे स्वर चमकते हैं :
        एक इंतज़ार के झुरमुट में
वह फल है
        जिसका अंतर एक तीखी पुकार है

उस आकाश में तुम्हारी गूँज
कि जैसे खून बजता हो हवा में
कि जैसे मुक्त जीवन का प्रवाह बजता हो .
सौंदर्य जो त्वचा में नहीं
थिरकते रक्त में नहीं
मस्तिष्क में नहीं
नहीं :

        कहीं इनके पार से
        बरसता है अणु-अणु पल-पल में
        बदन में, दृष्टि में––
        शब्द में : और उनके पार से
        कहीं शब्द के अर्थ में
        दु:ख-सा––मौन-सा
        अपरिमित सुख की चेतना में
        मथता है
                मथता है ।

ओ स्पर्श !
मुझे क्षमा करना
कि तुम मुझी में होकर मुझी से परे हो।
ओ माध्यम !
क्षमा करना
कि मैं तुम्हारे पार जाना चाहता रहा हूँ।

वह जो तुम्हारे हृदय में बज रहा है
मैं उस साज़ में एक चाँद
देखता हूँ :
उसको पकड़ना चाहता रहा हूँ :
मेरी अपनी इस चाह के अलावा मैं कुछ नहीं
कुछ नहीं !
तुम कि एक सितारे की झलक आँसू में :
उस आँसू की झलक में एक किरण
हूँ मैं
और कुछ नहीं !

वह न होता मेरा काश जो मेरे ही लिए
तुम्हें प्रिय है
मैं उसी के हित हूँ !

काश कि मैं न होऊँ
न होऊँ
तो कितना अधिक विस्तार

किसी पावन विशेष सौंदर्य का
अवतरित हो !
पावन विशेष सौंदर्य का !

[1959]

न पलटना उधर

न पलटना उधर
        कि जिधर ऊषा के जल में
        सूर्य का स्तंभ हिल रहा है
        न उधर नहाना प्रिये।

जहाँ इंद्र और विष्णु एक हो
        –अभूतपूर्व!–
यूनानी अपोलो के स्वरपंखी कोमल बरबत से
        धरती का हिया कँपा रहे हैं
        –और भी अभूतपूर्व!–
        उधर कान न देना प्रिये
        शंख से अपने सुंदर कान
        जिनकी इंद्रधनुषी लवें
                अधिक दीप्त हैं।

उन सँकरे छंदों को न अपनाना प्रिये
(अपने वक्ष के अधीर गुन-गुन में)
        जो गुलाब की टहनियों से टेढ़े-मेढ़े हैं
        चाहे कितने ही कटे-छँटे लगें, हाँ।

        उनमें वो ही बुलबुलें छिपी हुई बसी हुई हैं
            जो कई जन्मों तक की नींद से उपराम कर देंगी
            प्रिये!

एक ऐसा भी सागर-संगम है
देवापगे !

जिसके बीचोबीच तुम खड़ी हो
ऊर्ध्वस्व धारा
आदि सरस्वती का आदि भाव
उसी में समाओ प्रिये !

मैं वहाँ नहीं हूँ !

[1960]

सारनाथ की एक शाम

[त्रिलोचन के लिए]

ये आकाश के सरगम
खनिज रंग हैं
बहुमूल्य अतीत हैं
या शायद भविष्य।

तू किस
गहरे सागर के नीचे
के गहरे सागर
के नीचे का
गहरा सागर होकर
भिंच गया है
अथाह शिला से केवल
अनिंद्य अवर्ण्य मछलियों के विद्युत
तुझे खनते हैं
अपने सुख के लिए।

(सुख तो व्यंग्य में ही है
और कहाँ
युग दर्शन
मित्र
छल का अपना ही
छंद है

सर्वोपरि मधुर मुक्त
और कितना एब्सट्रैक्ट
क्योंकि व्यभिचार ही आधुनिकतम
काव्य कला है   और   आज
आलोचना के डाक्टर
उसे अनादि भी कहते हैं)।

शब्द का परिष्कार
स्वयं दिशा है
वही मेरी आत्मा हो
आधी दूर तक
तब भी
तू बहुत दूर है   बहुत आगे
त्रिलोचन।

वह कोलाहल जो कोंपलों में भरा है
सुनकर
तू विक्षुब्ध हो-हो जाता
क्या उपनिषदों का शोर
उसे दबा पाता।

वरुणा के किनारे एक चक्रस्तूप है
शायद वहीं विश्व का केंद्र है
वहीं कहीं
ऐसा सुनते हैं।

आधुनिकता   आधुनिकता
डूब रही है   महासागर में
        किसी कोंपल के ओंठ पे
उभरी ओस के   महासागर में
        डूब रही है
तो फिर क्षुब्ध क्यों है तू।

× ×

तूने शताब्दियों
सानेट से मुक्त छंद खन कर
संस्कृत वृत्तों में उन्हें बाँधा   सहज ही लगभग
        जैसे य' आकाश बँधे हुए हैं अपने
सरगम के अट्टहास में।

ओ
शक्ति के साधक अर्थ के साधक
तू धरती को दोनों ओर से
थामे हुए और
आँख मीचे हुए ऐसे ही सूँघ रहा है उसे
जाने कब से।

तुझे केवल मैं जानता हूँ।

        क्योंकि
मैं उसी धरती में लोट रहा हूँ   उसकी
ॠतुओं की पलकों-सा बिछा हुआ मैं

उसकी ऊष्मा में
सुलग रहा हूँ
          शांति के लिए।

एक वासंती सोम झलक जो मेरे
अंक से छीनकर चाँद लुका लेता है
खींच ले जाती है प्राण मेरा
          उस पर भी है तेरी दृष्टि।

आंतरिक एकांत
वरुणा किनारे की वह पद्‌म-
     ऊष्मा।

[1962]

गजानन मुक्तिबोध

ज़माने-भर का कोई इस क़दर अपना न हो जाए
कि अपनी ज़िंदगी ख़ुद आपको बेगाना हो जाए।

सहर होंगी ये शब बीतेगी और ऐसी सहर होगी
कि बेहोशी हमारे होश का पैमाना हो जाए।

किरन फूटी है ज़ख्मों के लहू से : यह नया दिन है:
दिलों की रोशनी के फूल हैं—नज़राना हो जाए।

ग़रीबुद्दहर थे हम; उठ गए दुनिया से; अच्छा है···
हमारे नाम से रौशन अगर वीराना हो जाए।

बहुत खींचे तेरे मस्तों ने फ़ाक़े फिर भी कम खींचे
रियाज़त ख़त्म होती है अगर अफसाना हो जाए।

चमन खिलता था वह खिलता था, और वह खिलना कैसा था
कि जैसे हर कली से दर्द का याराना हो जाए।

वह गहरे आसमानी रंग की चादर में लिपटा है
कफ़न सौ ज़ख्म फूलों में वही पर्दा न हो जाए।

इधर मैं हूं उधर मैं हूँ, अजल, तू बीच में क्या है?
फ़कत इक नाम है, यह नाम भी धोका न हो जाए।

× × ×

वो सरमस्तों की महफ़िल में गजानन मुक्तिबोध आया
सियासत ज़ाहिदों की ख़ंदए-दीवाना हो जाए।

[1964]

चाँद से थोड़ी-सी गप्पें

[एक दस-ग्यारह साल की लड़की]

गोल हैं ख़ूब मगर
आप तिरछे नज़र आते हैं ज़रा।
आप पहने हुए हैं कुल आकाश
तारों-जड़ा;
सिर्फ़ मुँह खोले हुए हैं अपना
गोरा-चिट्टा
गोल-मटोल,
अपनी पोशाक को फैलाए हुए चारों सिम्त।
आप कुछ तिरछे नज़र आते हैं जाने कैसे
—ख़ूब हैं गोकि!

वाह जी वाह!
हमको बुद्धू ही निरा समझा है!
हम समझते ही नहीं जैसे कि
आपको बीमारी है :
आप घटते हैं तो घटते ही चले जाते हैं,
और बढ़ते हैं तो बस यानी कि
बढ़ते ही चले जाते हैं—
दम नहीं लेते हैं जब तक बि ल कु ल ही
गोल न हो जाएँ,
बिलकुल गोल।
यह मरज आपका अच्छा ही नहीं होने में···

आता है।
यह न होता तो, क़सम से हम सच
कहते हैं–
आपसे शादी कर लेते–
फ़ौरन!...

आप हँसते हैं, मगर
यों भी दिल खींच तो लेते ही हैं आप
(हाँ, जी) समुन्दर की तरह
औ' मैं बेचैन–सी हो जाती हूँ
उसकी लहरों की तरह;
ज्वार–भाटा–सा अजब, जाने क्यों
उठने लगता है ख़यालों में मेरे
ख़ाहमख़ाह!

जाओ, हटो!
ऐसे इंसान को हम प्यार नहीं करते हैं
मुँह–दिखाई ही फ़क़त
जो मेरा सरबस माँगे,
और फिर हाथ न आए;
मुफ़्त कविताएँ सुने,
अपने दिल की न बताए;
जब भी आए,
युँ ही उलझाए!
ऐसे इंसान को हम आख़िर तक
प्यार नहीं करते हैं,
हाँ! समझ गए?

हवा-सी एकदम पतली

हवा-सी एकदम पतली-
कि आरपार देख लो-किंतु
इस्पाती दीवार

अचल नहीं-विद्युत्धारा में चल,
खड़ी (अदृश्य, पर) स्पष्ट, अतिस्पष्ट,
बीच...हमारे-तुम्हारे। हमारे-तुम्हारे
बीच का प्रतिक्षण वह।

हँसती मौन विद्युत-सी, आँखों में
बोलती अकाट्य
नियम-सी, मौलिक। हमारे-तुम्हारे
बीचोऽबीच खड़ी
मूर्त लय-सी अमर।

वह लिपित है स्वर में
वहीं। समय में
खनित। यदि है कहीं।
हम दोनों की राग-
जनित, हमारे
प्राणों के बीच की
वह
एकता।

संभवतः
वही तटस्थ कला है।

वही
सत्य।

कत्थई गुलाब

कत्थई गुलाब
दबाए हुए हैं
नर्म नर्म
केसरिया साँवलापन मानो
शाम की
अंगूरी रेशम की झलक,
कोमल
कोहरिल
बिजलियाँ-सी
लहराए हुए हैं

आकाशीय
गंगा की
झिलमिली ओढ़े
तुम्हारे
तन का छंद
गतस्पर्श
अति अति अति नवीन आशाओं भरा
तुम्हारा
बंद बंद

''ये लहरें घेर लेती हैं
ये लहरें......

उभरकर अर्द्धद्वितीया
टूट जाता है......"

किसका होगा यह पद
किस कवि-मन का
किस सरि-तट पर सुना ?

ओ प्रेम की
असंभव सरलते
सदैव सदैव !

सौंदर्य

एक सोने की घाटी जैसे उड़ चली
जब तूने अपने हाथ उठाकर
मुझे देखा
एक कमल सहस्रदली होटों से
दिशाओं को छूने लगा
जब तूने आँख-भर मुझे देखा।

न जाने किसने मुझे अतुलित
छवि के भयानक अतल से
निकाला…जब तू, बाल लहराए,
मेरे सम्मुख खड़ी थी : मुझे नहीं ज्ञात।
सच बताना, क्या तू ही तो नहीं थी?

तूने मुझे दूरियों से बढ़कर
एक अहिर्निश गोद बनकर
लपेट लिया है,
इतनी विशाल व्यापक तू होगी,
सच कहता हूँ, मुझे स्वप्न में भी
गुमान न था।

हाँ, तेरी हँसी को मैं उषा की भाप से निर्मित
गुलाब की बिखरती पंखुडियाँ ही समझता था :
मगर वह मेरा हृदय भी कभी छील डालेगी,

मुझे मालूम न था।
तेरी निर्दयता ही शायद दया हो,
दोनों की एकप्राणता ही शायद
तेरा अजानपन और
तेरा सौंदर्य है।

सूर्यास्त

सूर्य मेरी अस्थियों के मौन में डूबा।
गुट्ठल जड़ें
प्रस्तरों के सघन पंजर में
मुड़ गईं।

व्योम में फैले हुए महराब के विस्तार
स्तूप औ' मीनार नभ को थामने के लिए
उठते गए।
विकटतम थे अति विकटतम
विगत के सोपान पर्वत शृंग।

मेह्र
फेन-फूलों से गुथी सागर-लटों के बीच-बीच
थाह् लेता
विशद
जल विशद।
विशद।
अमित आकांक्षा उभार
दाह का आलोक है केवल

धैर्य कितना धैर्य
औ' संतोष
कितना
आज के दिनमान की परछाइयों में

किरण का मासूम वैभव।

किरण का मासूम वैभव
यह किधर झुकता है?

थरथराता रहा

[एक विचित्र प्रेम-अनुभूति]

थरथराता रहा जैसे बेंत
मेरा काय···कितनी देर तक
आपादमस्तक
एक पीपल-पात मैं थरथर।
काँपती काया शिराओं-भरी
झन-झन
देर तक बजती रही
और समस्त वातावरण
मानो झंझावात
ऐसा क्षण वह आपात
स्थिति का।

ओ मेरे घर

ओ मेरे घर
ओ हे मेरी पृथ्वी
साँस के एवज़ तूने क्या दिया मुझे
—ओ मेरी माँ ?

तूने युद्ध ही मुझे दिया
प्रेम ही मुझे दिया क्रूरतम कटुतम
और क्या दिया
मुझे भगवान दिए कई-कई
मुझसे भी निरीह मुझसे भी निरीह !
और अद्‌भुत शक्तिशाली मकानीकी प्रतिमाएँ !

ऐसी मुझे ज़िंदगी दी
ओह
आँखें दीं जो गीली मिट्‌टी का बुदबुद-सी हैं
और तारे दिए मुझे अनगिनती
साँसों की तरह
अनगिनती इकाइयों में
मुझसे लगातार दूर जाते
मौत की व्यर्थ प्रतीक्षाओं-से !

और दी मुझे एक लंबे नाटक की
हँसी

फैली हुई
दर्शकशाला के इस छोर से उस छोर तक
लहराती कटु-क्रूर

फिर मुझे जागना दिया, यह कहकर कि
लो और सोओ !
और वही तलवारें अँधेरे की
अंतिम लोरियों के बजाय !

इन्सान के अँखौटे में डालकर मुझे
सब कुछ तो दे दिया :
जब मुझे मेरे कवि का बीज दिया कटु-तिक्त ।

फिर एक ही जन्म में और क्या-क्या
चाहिए !

हमारी ज़मीन

हमारी ज़मीन जो सिर्फ़ अपने चाँद से
पास है, सूरज से कितनी दूर है
यद्यपि उससे बँधी हुई : और ग्रहों से भी
एक तरह से बँधी-सी ही हुई : मगर सदैव
के लिए अकेली—हमारी ज़मीन
जिस पर मैं हूँ : हम दोनों कितने
अकेले इस विश्व में ! एकदम कितने
अकेले—दूऽर सबसे··· सबसे !
यद्यपि गुंजान खिलखिलाते या मिचमिचाते
तारों से घिरे हुए—एकदम घबरा देनेवाली
(तारों की)
झिलमिलाती झाड़ियों से घिरे हुए : फिर भी
उफ़ कितने असहाय और अकेले—मैं
और मेरी ज़मीन, इस विश्व में !

मैं तो ख़ैर··· ··· ···
मेरी ज़मीन भी क्या
एक दिन
एक दिन··· ···?
खैर !

जो नियम है वह नियम है।
जो नियम है वह—है।

मेरे समय को…

मेरे समय को एक क़ाश की तरह काट दिया गया है।

× × ×

कवि एक बड़ा-सा तोता है, जैसे कि मैं।
जिसे उसके संरक्षक पालते हैं।
कई होते हैं वो।

× × ×

शतरंज का एक खाना है
जिसमें तुम मुझे ऊपर उठाकर रखते हो
हवा में कुछ देर अँगूठे और अँगुलियों के बीच
अनिश्चय में थामे हुए
जिस समय मैं समझता हूँ कि यह
मेरी कल्पनाशीलता का लोक है
मगर जो वास्तव में एक बारीक़ काट है
रुके हुए साँस की।

पिकासोई कला

[पिकासो के एक एलबम को देर तक देखते रहने के बाद]

1

जीवन की तुला में
प्राणों का संयमन

सहजतम एक अद्‌भुत व्यापार
सरलता   का   हमारी ही तरह
कैसा   दुरूहतम स्पष्टतम...

रेखाएँ तनों का तनावों का   लिबास
लिबास   रंग   प्रतिबिंब   आत्यंतिक
तालमेल   निरपेक्ष   नाटकीय
स्थिरतरीय   रेखाएँ   और   रंग

कसा हुआ मंच
सिरजन और संयमन
होने-होने को जो क्षण-क्षण
उसी अनागत का
स्वागत निरंतर
पिकासोई कला।

2

भारतीय दृष्टि पूछती ही है :
पल-छिन-आयाम-अर्थों के आभास के

सारांश-जैसे रूप ये
लीलाएँ-जैसी असंगतियाँ ये······

पता नहीं कहाँ-कहाँ जोड़ हैं
भूर्भुव स्वः के अपर पर रंग-विरंग के
आदि अंत आदि के··· !
तथापि यह वह इन उन मैं तुम सब का
तथागतीकरण है कला यह।

    कोई तो है
    जो नहीं किया जा सका वरण।
    उसी का
    दिक्काल में यह
    हरण।
    कोई तो है यह
    कोई तो यह
    पिकासोई क्षण।

3

कला-आत्मारूप यहीं कूची कोयला पत्थर
अंगड़-खंगड़ चमड़ा चीनीमिट्टी
हड्डी लकड़ी काग़ज़ कुछ भी कहीं भी
सकल वर्ग सर्ग में जो है
सब कुछ बनाकर दृष्टि एक
मार्मिक-इतिहास-भिदी अद्वितीय
अत्यधिक निजी अधुनातन की सीमाश्री
सदा एक नए समय की गर्म साँस
अपनी-सी ही बहुत यह कला पिकासोई··· ···

रोम सागर के बीचोबीच

[डॉ. इरीना ज़ेहरा के लिए]

रोम सागर के बीचोबीच
आधुनिक माल्टा के सुसंस्कृत टापू में
उत्तर भारत का हृदय और मस्तिष्क
कोई टटोल रहा है

इस सागर के अंदर
हमारे कितने संसार समाए हुए हैं ?
घोर वर्षा में टूटकर गिरी हुई डाल से
विच्छिन्न घोंसले के तिनके-सी
किसी प्राचीन पूर्वी देश की भूखी आत्मा
कभी इधर कभी उधर भटकती
फिरती है

एक साथ कितनी सदियों में से होकर हम
आज गुज़र रहे हैं
यहाँ कुछ जो मूल्यवान रह गया है वह आज
क्या कुछ अपनी ही चुराई हुई-सी खंडित मूर्तियाँ नहीं
जिनके सदियों पूर्व उकेरे हुए मुख आज
अमरीका की ओर मुड़ गए हैं

उनका नख-शिख आज
हमारी अर्थहीन आस्थाओं ने

विकृत कर दिया है, कला के पारखी
हमें बताते हैं
मेरी तो ज़बान गूँगी हो गई है
मगर लोगों के होंठ सपनों में हिलते-से
जान पड़ते हैं

और यह खामोशी बता रही है
कि मेरे कुछ दोस्त और बुजुर्ग
बहुत ही दूर चले गए हैं
आर. एन. देव शिवचंद्र बन्नेभाई
प्रकाशचंद्र गुप्त मुक्तिबोध प्रोफेसर एजाज़ हुसैन
और··· और···

हमी एक हमेशा के आलसी
पिछड़ गए हैं
क्यों आख़िर······

मेरा सगा भाई आया था छः सौ मील से
और मैं उससे मिलने को आगे नहीं बढ़ सका
क्या मैं उसको भूल गया था ?
या कि मैं यहाँ होते हुए भी नहीं था
फिर एक-एक अक्षर जिसका मेरे ही सामने
खुला बँधा रखा रहता है उसे···
और मेरी बेटी और बहन मेरे पत्रों का इंतजार
करती रहेगी

आगे महीनों महीनों
मेरे भावुक वादों के जो अफसाने
बना लिए गए थे
उन्हें मेरे दोस्त भूल भी गए हैं
मैं तो अब किंवदंतियों में भी नहीं पाया जाऊँगा।
एक बहुमूल्य पुराने क़लम की तरह
किसी सुलगते हुए घर में एकाएक
गुम हो गया हूँ
लपटें अब भी बराबर आ रही हैं
और अब तो एक खामोश रिमझिम भी शुरू हो गई
कैसी अजब बात है कि पहाड़ घूम रहे हैं
और कोई झरना बहुत ज़ियादा शोर मचा रहा है
मैं किसी बहुत प्राचीन गूँज में डूब गया हूँ
और यह दुनिया उसी की एक दीर्घ अनुगूँज बनती
जा रही है।

डूबते सूरज की तरह शरमाता हुआ-सा कोई ईश्वर
मेरी धरती की ओर मुस्करा-मुस्कराकर देखता हुआ
डूबता जा रहा है

यकायक मैं एक बहुत छोटी-सी नाव में
अपने-आपको नहीं पाता हूँ
और वहाँ रंगीन बर्फ़ का
बहता हुआ कोई टापू है

बहुत-से देवता मुझे एक साथ देखने आए हैं क्यों

आए हैं
मैं ज़ोर देकर वह पद सुनाना चाहता हूँ—
मो सम कौन कुटिल खल कामी

निपट मूर्ख...मगर ज़बान गुंग है
मगर मेरी अंदर की आवाज़ भी वह
शायद सुन ही नहीं रहे हैं   केवल हँस रहे हैं
हँसे ही जा रहे हैं   कहीं मेरे अंदर भी
जैसे कि बाहर भी वे हँसे ही जा रहे हैं
मैं विस्मय से एकाएक देख रहा हूँ
कि यह नया लोक इस अपार मृत्युलोक में
कहाँ से प्रकट हो गया !

एक नीला दरिया बरस रहा

(1)

एक नीला दरिया बरस रहा है
और बहुत चौड़ी हवाएँ हैं
मकानात हैं मैदान
किस क़दर ऊबड़-खाबड़
मगर
                एक दरिया
और हवाएँ
मेरे सीने में गूँज रही हैं।

एक रोमान
जो कहीं नहीं है मगर जो मैं
                हूँ   हूँ
एक गूँज ऊबड़-खाबड़
                लगातार
आँख जो कि   अँखुआ
        आई हो   बहुत ही क़रीब बहुत
        ही क़रीब।

(2)

        एक सुतून
    फिर हुआ खड़ा
        वहीं
जहाँ कि वह शुरू से था खड़ा

एक जुनून
जो कि महज़ नाम था
फिर हुआ
जुनून
सब तुकें एक हैं
यानी कि मेरा
ख़ून।

अजब बेअदबी है ज़माने की—कि
कि
अक्स है इंतिहाई गहरा
वही दरिया...
और वो मुझे ले गया डुबा
जहाँ इंतिहाई गहराइयों के सिवा
और कुछ न था
एक इंतिहाइयत...हाइयत
जो कि महज़ महज़ महज़
मैं हूँ—और
कुछ नहीं
यहाँ।

(3)

मगर
मेरी पसली में हैं—गिन लो
व्यंजन : और उनके बीच में हैं

स्वर

उसे मेरा ही कहो–फ़िलहाल :
[अहा, तुम कितने अच्छे हो कि मूर्ख हो–महात्मा मूर्ख
–इस ज़माने के स्वाँग में उतरे हुए
...एक आदिमतम देवता : स्थिरतम !]
नहीं नहीं नहीं
वह
स्वर :

एक ही हाथ : बाएँ आकाश को उठाए हुए है
एक गोल गति इक् करोड़ लाख बार घूम-घूम
कर
मुझे लील जाती है
समूचा
अथाहों के दरिया में
अपने अक्स समेत
सच्च
वह स्वर।

(4)
तब मेरे लिए पहाड़ अरावली के
पुरातन-तम
खोद खोद डाले गए होंगे
सदैव के एक भविष्य में अभी से
नग्नतम बिवाइयाँ दरारें
धरती के सीने में अंदर तक चली गई हुईं

घूम-घूमकर
एक स्थिर चक्कर में
कविता की पंक्तियों की तरह–
अभी से।

(5)

हाँ   मगर
वह
स्वऽ
र
एक फ़नल
धुँधुवाता
विशाल आकाश में
और वहीं
मैं
सीढ़ियों के-से
उलझे-पुलझे पथों से
चढ़ रहा हूँ उतर रहा हूँ चढ़ रहा···
तर रहा···
हूँ
और वहीं
एक
बड़ा नन्हा-सा
बड़ी गहराइयोंवाला
अणु है अणु

नहीं मालूम ? अणु
गूँजता हुआ
एक व्यर्थ का अभ्युदय,
याकि
व्यर्थ का तुक--
क्षण का
निरंतर--
एक बूँद लहू
और लो मेरा आविर्भाव
कि भवता
कि है-हो-था
अभी तक
वही मैं कोई
एक कविता।

(6)
एक विलयनवादी काव्य जोकि केवल
मैं लिखता--लिख सकता--हमेशा नहीं--
वैसा काव्य। जैसा कि इनमें
ध्वनित-अध्वनित :
स्व
–
–
–
–इत्यादि।

समय के
चौराहों के चकित केंद्रों से
उद्‌भूत होता है कोई : ''उसे-व्यक्ति-कहो'' :
कि यही काव्य है।
आत्मतम।
इसीलिए उसमें अपने को खो दिया
जाना गवारा करता हूँ
क्योंकि वहाँ मेरा एक महीन युग-भाव है
वहीं...शायद मेरे लिए...मात्र। शायद
मेरे ही अनेक बिंबों के लिए मात्र।
जिन्हें ''मेरे पाठक कहा जाए'' मात्र।

तो। इसमें और कुछ नहीं।
कोई संगीत नहीं। केवल प्रलाप।
केवल तम।
केवल प्रलाप। केवल मैं और आप। अनाप शनाप।

शराब
यानी इन्सानियत की तलछट का छोड़ा हुआ
स्वाद।
मुझे दो।
मगर पैमाना हो
फ़ोनिमिक्स
उन भाषाओं का, पश्चिम और पूर्व की, जो
मिलनसीमा को
आर्गनित

करती हैं,
बस
वहीं मेरा कवि :
तुम्हारा अन्यतम व्यक्ति।

नश्शा मुझे नहीं होता। नहीं होता।
मुझे पीनेवालों को
होता
है—मेरी कविता को
अगर वो उठा सकें और एक घूँट
पी सकें
अगर।

इसलिए बस
मुझे वही शराब दो। बस।
[—मुझे नश्शा नहीं चाहिए।]

[1973]

बैल

मैं वह गुट्ठल काली कड़ी कूबवाला बैल हूँ
जो अकेला धीरे-धीरे छः मील खींचकर ले जाते हुए
ठेले पर ऊपर तक लदा हुआ माल
स्टेशन से दूर गोदाम तक
चुपचाप धीरे-धीरे, आँखें बाहर को निकली हुईं,
त्यौरी चढ़ी हुई, काँधे जोर लगाते हुए
सीना और छाती आगे को झुककर, ज़ोर लगाते हुए
रानें भरी हुईं गर्म पसीने से तर, मगर
ज़ोर लगाती हुईं,
नथुने फूले हुए, साँस और दम
अपनी ज़ोर आज़माई में लगे हुए
क्यों और किसके लिए ?
अपनी शाम के, अपनी सुबह के
बँधे हुए
चारे के लिए
उससे मीठी उससे नमकीन और प्यारी
चीज़
दुनिया में और कोई है क्या ?
या···रात की ठहरी हुई, बहुत गहराई से बोलती हुई
चुपचाप बोलती हुई—दम साधे आँखें मीचे
सबको देखती-सी हुई शांति के लिए
गंभीर, प्राणों में उठती हुई शांति···
आकाश के तारे, कुत्तों का पागल शोर

जो इस शांति को बढ़ाता ही है
पहरुओं की ठक्-ठक्, सीटियाँ···
और कहीं दूर किसी गाय के गले की घंटियाँ
कटड़ों और बच्चों की
हवा में
मासूम कच्ची-सी खुशबू, और घोड़ों का
खोखले गर्व से और बिला किसी वजह, बार-बार
टापें ज़मीन पर मारना
यह सब जो उस शांति को और
ठोस और स्थायी-सा बनाते हैं;
मालिक के खर्राटे, मालकिन की बच्चों को थपकियाँ
किसी बच्चे का रात में रो उठना
यह सब रात में कितना प्यारा लगता है
मुझे नहीं मालूम यह मेरे सपने का हिस्सा होता है
एक मीठी जागती नींद का, या जागरण का–
कोई अंतर नहीं। मुझे यह महसूस होता है
कि ठेले को लगातार, सारी आँतों और
नसों के तनावों से खींचते हुए भी
जैसे
मैं
सो जाता हूँ
वह गहरा लगातार श्रम
पुट्ठओं को श्लथ कर देनेवाला
श्रम
स्वयं मेरी नींद का कर्ब बन जाता है
मालिक पर तब जो मुझे गुस्सा आता है
उससे मेरा ज़ोर और बढ़ जाता है

मगर मुश्किल यह है
कि मालिक मेरी नस-नस को जानता और समझता है
वह मुझसे मेरी मूक भाषा में अच्छी तरह
बात करता है
मुझे वह इस तरह निचोड़ता है जैसे
घानी में एक-एक बीज़ कसकर दबाकर
पेरा जाता है
मेरे लहू की एक-एक बूँद किसके लिए
समर्पित होती है
यह तर्पण किसके लिए होता है ?
सुबह के अन्न देव के लिए ?
शाम के अन्न देव के लिए ?
जिसका नाम चारा है :
यह एक मोटी और स्पष्ट बात है,
गीत नहीं
कि वह चारा है और मैं बेचारा।
मेरा मालिक भी शायद एक अन्य दो टाँगों पर खड़ा
और मुँहवाला कपड़ा पहननेवाला
बैल है : एक गंदा-सा नाटा-सा बैल
कमज़ोर मगर बहुत चालाक और गीत गुनगुनानेवाला
बैल... वो गीत मुझे अच्छे लगते हैं... मगर
कभी-कभी मैं अपने इसी श्रम में
कहाँ खो जाता हूँ, कुछ पता नहीं चलता
यह सारी दुनिया मुझे बैल मालूम होती है
बाँ।।।।।। ! बाँ।।।।! बाँ।।।।।!

[1972-73]

काल, तुझसे होड़ है मेरी

काल,
तुझसे होड़ है मेरी : अपराजित तू–
तुझमें अपराजित मैं वास करूँ।
इसीलिए तेरे हृदय में समा रहा हूँ
सीधा तीर-सा, जो रुका हुआ लगता हो–
कि जैसा ध्रुव नक्षत्र भी न लगे,
एक एकनिष्ठ, स्थिर, कालोपरि
भाव, भावोपरि
सुख, आंनदोपरि
सत्य, सत्यासत्योपरि
मैं–तेरे भी, ओ 'काल' ऊपर!
सौंदर्य यही तो है, जो तू नहीं है, ओ काल!

जो मैं हूँ–
मैं कि जिसमें सब कुछ है···

क्रांतियाँ, कम्यून,
कम्यूनिस्ट समाज के
नाना कला विज्ञान और दर्शन के
जीवंत वैभव से समन्वित
व्यक्ति मैं।

मैं, जो वह हरेक हूँ
जो, तुझसे, ओ काल, परे है

कवि घंघोल देता है

कवि घंघोल देता है
        व्यक्तियों के जल
हिला-मिला देता
        कई दर्पनों के जल
जिसका दर्शन हमें
        शांत कर देता है
और गंभीर
अंत में।

तुर्कमान गेट

ओस टपकी है कैसी ज़हरआलूद !
ज़ख़्म-ता-ज़ख़्म
बाग़ में है जमूद[1]
जो भी ग़ुंचा खिला
वो ज़ख़्मी था :
सुर्ख़ बेशक बहार का था वुजूद !

× × ×
× × ×

यही अपना मक़ान है, जो कि था !
हाँ ! यही सायबान है, जो कि था !
होंट गोया हैं सूखे पत्तों से ।
ख़ामुशी चीख़ती है आँखों से ।

× × ×
× × ×

इन्हीं गलियों में थे तो ग़ालिब भी ।
''नींद क्यों रात-भर नहीं आती !?''

1. गतिरोध की जड़ता ।

लेनिनग्राद

सफ़ेद आरोरा[1] नीली-ग्रे रिमझिम में खड़ा है
स्मोल्नी[2] ख़ामोश है
कोई मेरे कान में धीरे से कह रहा है
यह पावन धरती है
तमाम इमारतें इतिहास हैं साँस-सा रोके हुए
यह रिमझिम एक ख़ामोश प्रार्थना है
यह धरती इन्क़लाबों की माँ है
जो हमें प्यार से तक रही है
प्यार से, सजग और मौन
एक आशीर्वाद की तरह।

[अक्टूबर 1977, लेनिनग्राद]

---

1. जहाज़ जिसके नाविकों ने क्रांति की शुरूआत की।
2. कान्वेन्ट स्कूल, जिसको लेनिन ने क्रांति-संचालन के लिए अपना कार्यालय बनाया।

अफ्रीका

एक बराबर के चौकोर
                दो पत्थर
सजाकर उसने रक्खे
एक के ऊपर एक
सफ़ेद के ऊपर काला

काला लड़का
वह खेल रहा था
मालिक आया
हैं! खेल रहा है!

हो! हो! हो!
ऊपर काला पत्थर
नीचे सफ़ेद पत्थर!

हैं! चिढ़ा रहा है?
सैड़! सैड़!
सैड़! सैड़! सैड़!

हाय! हाय! हाय!
  हाय! आह - आह!

लो मालक!
अब ठीक है?
सफ़ेद पत्थर ऊपर!

हाँ !   हाँ !   हाँ !
अब ठीक है !

ओह !   ओह !   ओह !
हाँ-हाँ
काले के ही बल पर
टिका   है
सफ़ेद !
काले के ही बल पर !

हाँय ! हाँय !
चिढ़ा रहा है ! !
सैड़ ! सैड़ ! सैड़ !
सैड़ !
नहीं नहीं नहीं !
मालक, अब लो !
अब लो !
अब दोनों एक···
एक बराबर हैं !
बराबर बराबर !
रखे हुए
अब ठीक हैं ?

नाऽ   ई !
सैड़ !
–उफ़ !   हाय !

इन्हें दूर-दूर करो!

गुस्से में खड़े होकर
सफ़ेद पत्थर को ठोकर
मारकर
दूर कर देता है
जैसे ही कोड़ा उस पर
पड़ता है
वह उछलकर उसकी गर्दन
दाँत से दबोच लेता है।
—हाय! हाय! हाय!
छोड़ो! छोड़ो!
—ना SSS ई
तुम सफ़ेद हम
काला!
तुम्हें अब नाईं
छोड़ सकता!
नाईं छोड़ सकता!

नेपथ्य में ढोल बजता है
डमाडम! डमाडम! डमाडम!

ग़ज़ल

राह तो एक थी हम दोनों की:
        आप किधर से आए-गए!
—हम जो लुट गए पिट गए, आप जो
        राजभवन में पाए गए!

किस लीलायुग में आ पहुँचे
        अपनी सदी के अंत में हम
नेता, जैसे घास-फूँस के
        रावन खड़े कराए गए।

जितना ही लाउडस्पीकर चीख़ा
        उतना ही ईश्वर दूर हुआ:
        (—अल्ला-ईश्वर दूर हुए!)
उतने ही दंगे फैले, जितने
        'दीन-धरम' फैलाए गए।

मूर्ति-चोर मंदिर में बैठा
        औ' गाहक अमरीका में!
दान-दच्छिना लाखों डॉलर
        गुपुत दान करवाए गए!

दादा की गोद में पोता बैठा,
        'महबूबा! महबूबा…' गाए।
दादी बैठी मूड हिलाए…

'हम किस जुग में आए गए।'

गीत ग़ज़ल है फ़िल्मी लय में
शुद्ध गलेबाज़ी, शमशेर
आज कहाँ वो गीत जो कल थे
गलियों-गलियों गाए गए!

[1982]

ग़ज़ल

उलट गए सारे पैमाने, कासागरी क्यों बाक़ी है।
देस के देस उजाड़ हुए, दिल की नगरी क्यों बाक़ी है।

कौन है अपना कौन पराया, छोड़ो भी इन बातों को
इक हम तुम हैं ख़ैर से अपनी पर्दादरी क्यों बाक़ी है।

शायद भूले-भटके किसी को रात हमारी याद आई
सपने में जब आन मिले फिर बेख़बरी क्यों बाक़ी है।

किसका साँस है मेरे अंदर: इतने पास औ' इतनी दूर
इस नज़दीकी में दूरी की हमसफ़री क्यों बाक़ी है।

सचमुच मुझको ऐसा लगा जैसे तुम बिल्कुल पास ही हो
साँस में अब तक वही सुनहरी दोपहरी क्यों बाक़ी है!

बीत गए युग फिर भी जैसे कल ही तुमको देखा हो
दिल में औ' आँखों में तुम्हारी खुशनज़री क्यों बाक़ी है।

शोर भजन औ' कीर्तन का है या फ़िल्मी धुनों का हंगामा
सर पे हि लाउडस्पीकर की टेढ़ी छतरी क्यों बाक़ी है।

कैसा सियासत का तूफान कि आग की लपटों में इन्सान
अपनों पर अपनों की ही बेदादगरी क्यों बाक़ी है।

धर्म तिजारत पेशा था जो वही हमें ले डूबा है
बीच भँवर के सौदे में यह इक खंजरी क्यों बाक़ी है।

[1984, उज्जैन]

चिकनी चाँदी-सी माटी

चिकनी चाँदी-सी माटी
वह देह धूप में गीली
लेटी है हँसती-सी।

प्रकृति-रूप

एक चिकना चौड़ा आबशार

साँवला संगमर्मरी
आधा खिला व्यापक-सा गुलाब एक
महमह सुगंध शक्ति में

स्पष्टतः सुरक्षित

अविरल वह स्थिर आबशार
खुली साँस की
सांख्यिकी में बँधा
वह हँसता रूप।

गुलाब बाड़ी टपक रही है।
हम आदिवासी-से मौन
भीगे हुए खड़े हैं।

एक ठोस बदन अष्टधातु का-सा

एक ठोस बदन अष्टधातु का-सा
सचमुच ?
जंघाएँ दो ठोस दरिया
ठै रे हुए-से
मगर जानता हूँ कि वो

बराबर-बराबर बहुत तेज़
रौ में है
ठै रा हुआ-सा मैं हूँ मेरी
दृष्टि एकटक्

ठोस वक्ष कपोल उभरे हुए चारों
निमंत्रण देते चैलेंज-सा
चारों एक साथ
अपनी स्थिरता में, चल
काल की तरह

चरण
हैं वहीं मगर दर अस्ल हैं नहीं
—वहाँ
वो उस अष्टधातु की मूर्ति को
कहीं लिए जा रहे हैं
शायद
मेरे व्यक्तित्व के अदृश्य सागर की ओर।।

प्रेयसी

एक

तुम मेरी पहली प्रेमिका हो
जो आइने की तरह साफ़
बदन के माध्यम से ही बात करती हो
और शायद (शायद)
मेरी बात   साफ़-साफ़
समझती भी हो।
प्यारी,   तुम कितनी प्यारी हो।
    वह काँसे का चिकना बदन हवा में हिल रहा है
    हवा हौले-हौले नाच रही है,
                इसलिए...

—तुम भी मेरी आँखों में
(स्थिर रूप में साकार रहते हुए भी)
हौले-हौले अनजाने रूप में
नाच रही हो
        हौले-हौले
हौले-हौले यह कायनात हिल रही है

दो

गंदुमी गुलाब की पाँखुड़ियाँ
खुली हुई हैं

आँखों की शबनम
दूर चारों तरफ़
हँस रही है
यह मीठी हँसी
जो मेरे अंदर घुलती जा रही है
तुम हो।
तुम्हारा सुडौल बदन एक आबशार[1] है
जिसे मैं एक ही जगह खड़ा देखता हूँ
ऐसा चिकना और गतिमान
ऐसा मूर्त सुंदर उज्ज्वल

तीन

यह पूरा
कोमल काँसे में ढला
गोलाइयों का आईना

मेरे सीने से कसकर भी
आज़ाद है
जैसे किसी खुले बाग़ में
सुबह की सादा
भीनी-भीनी हवा

यह तुम्हारा ठोस बदन
अजब तौर से
मेरे अंदर बस गया है।

---

1. जल-प्रताप

मेरे अंदर कैसी···

मेरे अंदर कैसी एक अमृत की बूँद है,
अमृत की एक टिम-टिम, अनबुझ,
साँसों की तह में एक अमर
अनबुझ-सी टिम-टिम, अदृश्य-सी,
मगर है···
वह
बूँद
अमर।

खूब ग़ौर से अपने अंदर
देखो,
···,
अगर तुम खूब खूब खूब
देखो···

वह दूर
क्षीण
झिलमिलाहट निश्चित अमर है···।

''मैं देख रही हूँ।''

तुमने मुझे

तुमने मुझे और गूँगा बना दिया
एक ही सुनहरी आभा-सी
सब चीज़ों पर छा गई

मैं और भी अकेला हो गया
तुम्हारे साथ गहरे उतरने के बाद
मैं एक ग़ार से निकला
अकेला, खोया हुआ और गूँगा

अपनी भाषा तो भूल ही गया जैसे
चारों तरफ़ की भाषा ऐसी हो गई
जैसे पेड़ों पौधों की होती है
नदियों में लहरों की होती है

हज़रत आदम के यौवन का बचपना
हज़रत हौव्वा की युवा मासूमियत
कैसी भी ! कैसी भी !

ऐसा लगता है जैसे
तुम चारों तरफ़ से मुझसे लिपटी हुई हो
मैं तुम्हारे व्यक्तित्व के मुख में
आनंद का स्थायी ग्रास⋯हूँ

मूक ।

देश के एकाकी हाथ

किस-किस के हाथ दबाऊँ मैं...
किस-किस की ऊँगलियाँ चंचल चटकाऊँ मैं
किस-किसकी ऊँगलियों का दर्द
हौले-हौले
सहलाऊँ मैं

हर इक इस पहले हाथ से
हर बार मेरा ही हाथ सबके आगे आ जाता

दिन के किसी पहर में
एक क्षीण हाथ परछाईं-सा
धुँधली हल्की परछाईं-सा
हर बार पहल करता
सबसे पहले आ जाता
और
सबसे पहले आ जाता
क्यों हर बार
क्यों हर बार हर बार हर बार

इन सब एकाकी हाथों से
पहले
मेरा ही दिल-जला हाथ एकाकी हाथ
क्यों सबसे पहले

सबसे पहले
मेरा ही दिल-जला हाथ
सबके आगे आ जाता
सबके आगे
क्यों मेरा ही दिल-जला हाथ

शासन के लिजलिजे हाथ
लिजलिजे हाथ आगे आ जाते हैं
मैं क्या करूँ ?
और मैं क्या कर सकता ?
ये लिजलिजे झीने पर्दे के समान
झीने पर्दों जैसे
आगे फैलाकर सबके आगे
फैलते जाते हैं ।

[1987]

अभाव के व्यंग्य से

अभाव के व्यंग्य से
जूते चबाता हुआ-सा मानो
	कुत्ता था जब मैं
टकराता बार-बार अपने हवाई दाँत
	नोकीले

तब जनता पूजा में
	व्यस्त थी
मरु-मारवाड़ में दूध की
	नहरें और
असंख्य शुद्ध आर्य
	भारतीय नागरिक
लाखों मन शुद्धतम धृत का
	वर्ष व्यापी यज्ञ
	कर रहे थे

तब कहाँ था मैं निश्चय ही
	भारत में नहीं
इस स्वर्ग में नहीं ?
	निश्चय ही रूस में नहीं
	न ही न्यूयार्क की
	नीग्रो बस्ती में

भूसे का ढेर
उठता चला गया है
        आकाश बनता हुआ
और एकाएक सुलग उठा है
क्या मैं दूरबीन से कुछ
        दूर पचास हजार
किरणवर्ष दूर से किसी
ज्योति घन को देख रहा था।

वासुदेवाय नमः नहीं
सातों आकाश के परे
        अर्श की तजल्ली– ?
नहीं, अल्हम्लिल्लाह !

मैं कीड़ों से उनका अन्न
        क्यों छीन रहा था
अन्न जो फेफड़े और
        जिगर और केलेजे में
        गाद बन गया था
विज्ञान ने मुझे स्वर्ण
        का शरीर दे देना चाहा
कृतघ्नभाव से मैंने ही
        वह अमर उपहार
        ठुकरा दिया
तभी तो, तभी तो, तभी तो।

[1987]

• • •